Die 12 Betrachtungsweisen der Sozialberufe

Entwürfe für die Zukunft – Band 23

Kontakt: www.HarryEilenstein.de
Harry.Eilenstein@web.de
Harry Eilenstein bei youtube

Impressum: Copyright: 2022 by Harry Eilenstein – Alle Rechte, insbesondere auch das der Übersetzung, vorbehalten. Kein Teil des Buches darf ohne schriftliche Genehmigung des Autors und des Verlages (nicht als Fotokopie, Mikrofilm, auf elektronischen Datenträgern oder im Internet) reproduziert, übersetzt, gespeichert oder verbreitet werden.

Verlag: BoD · Books on Demand GmbH, Überseering 33, 22297 Hamburg, bod@bod.de
Druck: Libri Plureos GmbH, Friedensallee 273, 22763 Hamburg

ISBN: 978-3-8192-9674-1

Inhaltsübersicht

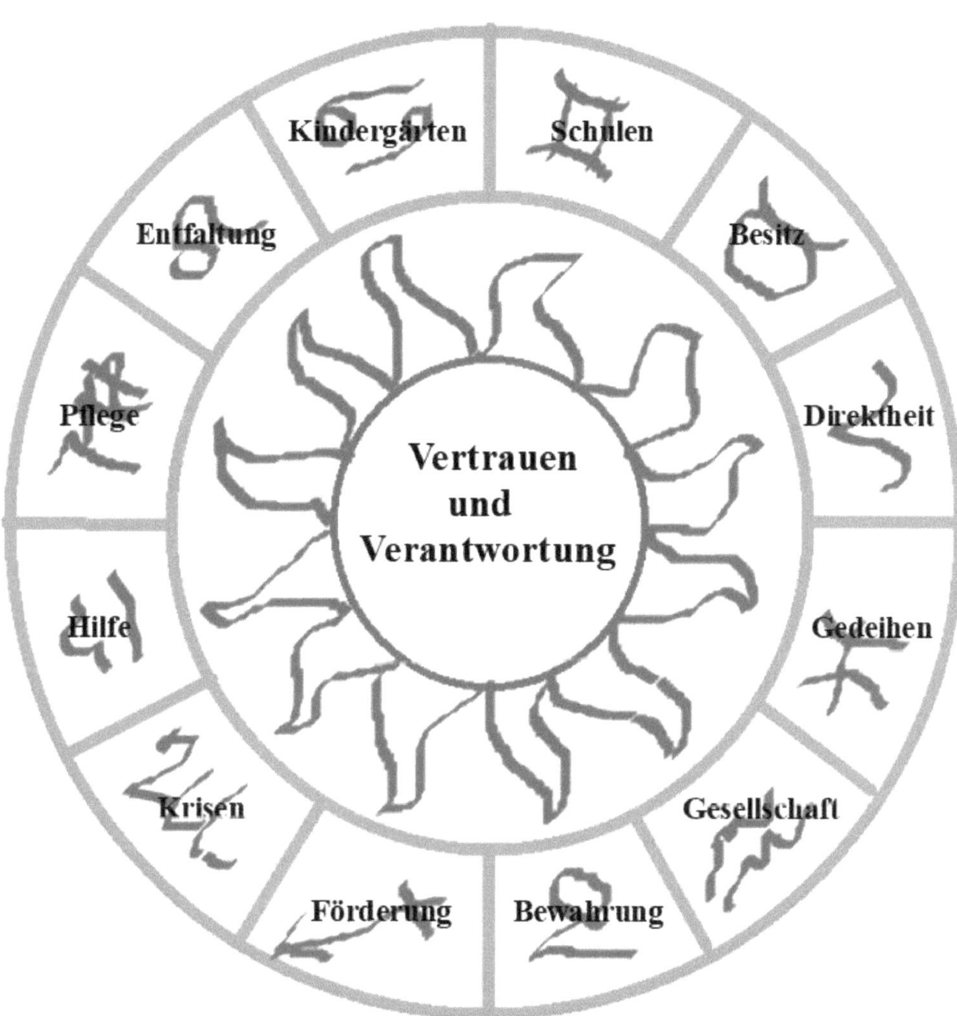

Warum 12?

Alle Bücher dieser Reihe haben genau 12 Kapitel – was sich ja auch in den Titeln dieser Bücher widerspiegelt. Warum?

In diesen Büchern wird der Tierkreis als Matrix von 12 verschiedenen Sichtweisen auf die Welt verwendet, um das Thema des Buches möglichst umfassend in 12 Kapiteln zu betrachten. Dadurch wird eine ausgewogenere, umfassendere und tiefere Einsicht in das jeweilige Thema erlangt als es ohne ein solches Raster, ohne eine solche Matrix möglich wäre.

Der Tierkreis wird in dieser Buch-Reihe als Forschungs-Hilfsmittel benutzt, durch das die Einseitigkeiten in der Betrachtung zumindest vermindert werden können. Weiterhin werden durch dieses Vorgehen diese 12 Sichtweisen auch als Ergänzungen zueinander, als organische Teile eines Ganzen deutlich.

Die Inspiration zu diesem Vorgehen stammt aus Hermann Hesses Roman „Das Glasperlenspiel", für das er 1946 den Literatur-Nobelpreis erhielt. In diesem Roman beschreibt er die öffentlichen Darstellungen von Übersichten und Gesamtbetrachtungen, die mithilfe von verschiedenen allgemeinen Strukturen wie z.B. dem Ba Gua aus dem chinesischen Feng-Shui angefertigt und aufgeführt werden.

Diese Buch-Reihe ist ein Versuch, Hesse's Idee im ganz Kleinen konkret zu verwirklichen.

Die Blickwinkel der 12 Tierkreiszeichen sind:

♈	Widder:	Spontaner
♉	Stier:	Genießer
♊	Zwilling:	Neugieriger
♋	Krebs:	Familienmensch
♌	Löwe:	Egozentriker
♍	Jungfrau:	Handwerker
♎	Waage:	Schöngeist
♏	Skorpion:	Tiefgründiger
♐	Schütze:	Idealist
♑	Steinbock:	Realist
♒	Wassermann:	Theoretiker
♓	Fische:	Träumer

Was ist ein sozialer Beruf?

Intuitiv hat jeder eine Vorstellung davon, was ein sozialer Beruf ist, aber intuitive Vorstellungen sind nicht immer unbedingt bei allen Menschen genau gleich. Daher könnte es evtl. hilfreich sein, den Begriff „sozialer Beruf" zunächst einmal genauer zu definieren.

Nun – ein sozialer Beruf hat irgendwas mit anderen Menschen zu tun ... so was wie Krankenschwester ... Doch mit dieser ein wenig ungenauen Definition ist auch der Steuerfahnder ein sozialer Beruf, da er ja ganz auf andere Menschen ausgerichtet ist, die den Staat betrügen. Und auch ein Soldat ist ganz auf andere Menschen ausgerichtet – um die Soldaten des feindlichen Staates zu töten. Doch das entspricht ja nicht so recht der landläufigen Vorstellung von einem sozialen Beruf.

Also vielleicht „helfender Beruf"? Eine Krankenschwester hilft schließlich anderen Menschen. Aber auch der Automechaniker in der Autowerkstatt hilft anderen Menschen, doch die Tätigkeit dieses Helfers würde wohl kaum jemand als „soziale Tätigkeit" bezeichnen.

Man könnte es mit „auf das Wohlergehen anderer Menschen ausgerichtete Tätigkeit" versuchen. Das beschreibt immerhin das Grundgefühl, das allgemein mit dem Begriff „sozialer Beruf" verbunden ist. Das würde dann aber auch auf Polizisten, Staatsanwälte, Richter und Gefängniswärter zutreffen, da diese die Gemeinschaft vor Gewalttätern u.ä. schützen. Doch es ist mehr als nur ein wenig zweifelhaft, daß die Insassen von Gefängnissen zustimmen könnten, daß diese Berufe ebenfalls sozial sind.

Noch ein anderer Ansatz: Wie wäre es mit „auf hilflose Menschen ausgerichtete Tätigkeit"? Das ist zunächst einmal richtig, wenn man dabei an eine Krankenschwester denkt, doch auch der Lehrer ist unzweifelhaft ein sozialer Beruf. Aber kümmert sich ein Lehrer um „hilflose Menschen"? Diese Definition würde wohl kaum einem Schüler besonders gut gefallen ...

Vielleicht „ein Beruf, über den sich andere freuen"? Dann wären auch der Möbelpacker und ein guter Bonbon-Erfinder soziale Berufe, was jedoch ein wenig seltsam klingt.

„Der etwas tut, was sich ein anderer wünscht"? Das trifft für die Krankenschwester zu, aber auch für eine Prostituierte – und das ist ein Beruf, bei dem man erst nach einigem Nachdenken darauf kommt, daß man ihn evtl. auch zu den sozialen Berufen zählen könnte.

Oder: „Ein sozialer Beruf ist ein Dienstleistungsberuf." Aber würde man bei einem Taxifahrer sagen, daß er einen sozialen Beruf ausübt, obwohl er offensichtlich ein Dienstleister ist? Und wie steht es mit dem freundlichen Herrn, der den eigenen PC und das eigene Handy repariert, wenn es mal wieder nicht mehr das tut, was man selber will. Das ist zwar ein Dienstleistung, aber so richtig sozial sieht das eigentlich nicht aus, und gibt es sogar das weitverbreitete Vorurteil, daß diese ganzen Programmierer und PC-Freaks eigentlich keine sonderlich stark ausgeprägte soziale Seite haben, sondern eher Eigenbrötler sind …

Nur noch ein letzter Versuch: „Soziale Berufe kümmern sich um das, was sozial wichtig ist". Paßt das? Es paßt zwar – aber gibt es denn überhaupt irgendeinen Beruf, der nicht „sozial wichtig" ist? Würde es diesen Beruf überhaupt geben können, wenn er nicht „sozial wichtig" wäre, d.h. wenn die Gemeinschaft nicht bereit wäre, für diese Tätigkeit etwas zu zahlen? Wohl kaum …

Wie man sieht, kann man den Begriff „sozialer Beruf" leicht von immer neuen Seiten her betrachten und diesen Begriff dabei immer weiter ausdehnen. Letztlich kommt man dabei vermutlich zu dem Schluß, daß jeder Beruf auch ein sozialer Beruf ist, da jeder Beruf auch Auswirkungen auf viele andere Menschen hat – selbst der Beruf des Straßenkehrers, des Bäckers und der Putzfrau. Doch wenn man einen Begriff so weit ausdehnt, daß er alles umfaßt, wird er weitgehend nutzlos, da er dann keine Unterscheidung mehr zu Dingen beinhaltet, die nicht zu diesem Begriff gehören.

Immerhin hat diese Betrachtung gezeigt, daß es bei „sozialen Berufen" um die Wirkung der Tätigkeit auf die Gemeinschaft geht. Daher ist der naheliegende Gegenpol zu „sozialer Beruf" so etwas in der Art wie „egoistischer Beruf" oder „sachbezogener Beruf." Ein egoistischer Beruf wäre dann z.B. der Börsenmakler, der mit Spekulationen Geld verdienen will, was sicherlich keine soziale Tätigkeit ist, da er im Grunde nur den Gewinn abschöpft, den andere erwirtschaften. Ein sachbezogener Beruf wäre z.B. der Bomben-Entschärfer, wobei die vorübergehende Evakuierung des gesamten Umfeldes durchaus eine soziale Wirkung ist – und die Menschen, die da sicherheitshalber evakuiert werden, sind dem Bomben-Entschärfer sicherlich dankbar, daß er sein eigenes Leben riskiert, um die Sicherheit all dieser Menschen in ihrem Wohngebiet wiederherzustellen.

So richtig weit haben all diese Versuche, das Wesen der „sozialen Berufe" zu definieren, noch nicht geführt, aber vielleicht ist dadurch immerhin eine etwas genauere intuitive Vorstellung darüber, was ein „sozialer Beruf" ist, entstanden.

So ganz zufriedenstellend ist das jedoch alles noch nicht.

Es ist ein altbewährtes Mittel, daß man, wenn keine befriedigende Antwort auf eine Frage findet, die Richtung der Fragestellung ändert. Da der Versuch, den Begriff „sozialer Beruf" klar und griffig zu definieren, offenbar nicht so einfach ist, könnte man stattdessen auch fragen, warum dieses Buch sich überhaupt mit diesen „sozialen Berufen" beschäftigt. Vielleicht läßt sich ja auf diese Weise etwas mehr Klarheit schaffen.

Ein Grund für das Schreiben dieses Buches ist die Gegenüberstellung der egoistischen Grundeinstellung, mit der die Menschen immer erst einmal auf sich selber schauen, und der sozialen Grundeinstellung, bei der die Menschen immer erst einmal auf die Gemeinschaft schauen. Diese beiden Haltung durchziehen die gesamte Gesellschaft – z.B. als die liberalen Parteien, die die Freiheit des Einzelnen verteidigen, und die sozialen Parteien, die das Wohlergehen der gesamten Gemeinschaft anstreben. Es gibt also eine Berufsgruppe, die zu der sozialen Lebenseinstellung und Handlungsweise der Menschen gehört und eine Berufsgruppe, die zu der egoistischen Lebensweise der Menschen gehört: Als Beispiele kann man die bereits genannte Krankenschwester und den ebenfalls bereits genannten Börsenspekulanten nehmen. natürlich wird es dazwischen auch Mischformen geben, die zu verschiedenen Anteilen sowohl egoistisch als auch sozial sind.

Da es diese beiden gegensätzlichen Grundeinstellungen gibt, könnte es interessant sein, sich diese beiden Grundhaltungen und die zu ihnen gehörenden Berufe einmal genauer anzusehen. Wie stehen innerhalb der Gesellschaft? Was verdienen sie? Wie sind sie angesehen? Welches Image haben sie? Was geschieht, wenn eine der beiden Gruppen sehr klein und die andere sehr groß ist? Ist das in allen Ländern gleich?

Möglicherweise ergeben sich aus einer solchen Betrachtung ja Erkenntnisse, die zunächst einmal nicht offensichtlich gewesen sind, aber die dennoch wichtig werden können, wenn man sie erst einmal erfaßt hat.

Nun – das weiß man jedoch immer erst am Ende einer solchen Betrachtung … ob sie zu neuen Erkenntnissen geführt hat oder nicht. Aber wenn man solch eine Betrachtung erst gar nicht anstellt, weiß man natürlich auch nicht, ob man nicht vielleicht etwas Wesentliches übersehen hat.

1. Direktheit

♈

<u>das Prinzip</u>

Wie handeln wir? Sind wir egoistisch oder sind wir hilfsbereit? … Das läßt sich nicht allgemein sagen, denn das hängt von der Situation ab, in der wir stehen:

> - Die Hilfsbereitschaft steigt, wenn etwas gleich vor uns geschieht – und sie sinkt, wenn etwas irgendwo fern in Afrika geschieht.

> - Die Hilfsbereitschaft steigt, wenn etwas ganz dringend ist wie der Brand eines Hauses in unserer Straße – sie sinkt, wenn irgendwo in New York ein Haus brennt.

Unsere Hilfsbereitschaft hängt also von unserer Nähe zum Ereignis und von unserer Betroffenheit ab. Das zeigt, daß Hilfsbereitschaft ein Instinkt ist: Wir sind hilfsbereit, wenn wir etwas sehen können und wenn es unsere Gefühle anspricht. Das bedeutet wiederum, daß unsere Hilfsbereitschaft für unser eigenes Überleben wichtig ist, denn sonst hätten wir Menschen keinen Hilfsbereitschafts-Instinkt entwickelt.

Wir sind also Herdentiere, d.h. wir brauchen den Schutz der Gemeinschaft und wir sorgen für den Schutz der Gemeinschaft. Unser Egoismus, der sich auf unser eigenes Wohlergehen ausrichtet, ist also in einen Altruismus eingebettet, der sich auf das Wohlergehen der Gemeinschaft ausrichtet, von der wir ein Teil sind.

Wir sind also am hilfsbereitesten, wenn es um unsere Familie, unsere Sippe, unser Dorf und evtl. noch um unser Land geht.

Dieser Instinkt hat sich bei den Säugetieren und bei den Vögeln entwickelt – er begann mit dem Brutpflegeinstinkt und hat sich dann auf die ganze Herde bzw. den Schwarm ausgeweitet.

Hilfsbereitschaft ist etwas, was spontan und emotional in Gang gesetzt wird, weil sie in den Instinkten verankert ist. Wir planen nicht, hilfsbereit zu sein, wir überlegen das auch nicht in jedem Fall neu, sondern wir reagieren einfach auf die Situation, die wir vor uns sehen – und rufen den Krankenwagen, wenn wir einen Unfall sehen.

Wir tun das, weil es richtig ist – weil uns unsere Instinkte sagen, daß das richtig ist … und weil wir instinktiv hoffen, daß auch andere uns helfen werden, wenn wir selber in Not geraten. Wir vertrauen instinktiv auf die Gemeinschaft – ganz egal, was wir bewußt denken.

Es gibt zwar in jedem Menschen den Hilfsbreitschafts-Instinkt, aber er ist nicht in jedem Menschen gleich stark. Zudem kann die Ferne zu denen, die leiden, das Handeln aus Hilfsbereitschaft verhindern. Was interessiert mich ein Krieg, wenn er nur weit genug weg stattfindet? Doch wenn das Unglück – auch wenn es weit fort stattfindet – heftig genug ist wie z.B. ein Tsunami, dann erwacht dennoch durch die Bilder in den Nachrichten die Hilfsbereitschaft.

Die Menschen sind natürlich auch in der Lage, über die Welt nachzudenken und sich ein Weltbild zu erschaffen, an dem sie sich dann orientieren. Sie setzen sich zudem eine Grenze, bis zu der das Gefühl von „wir" und das Gefühl von „dringend" reicht. Wenn diese Grenze sehr eng gezogen wird – z.B. „meine Familie in Deutschland" – dann wird ein großer Teil der Welt und ein großer Teil der Menschen zu „Fremden in der Fremde", die völlig bedeutungslos sind – solange sie fern genug bleiben. Um sie braucht man sich dann nicht zu kümmern – sie sind ohne Bedeutung für mich, ihr Schicksal ist vollständig von meinem eigenen Schicksal getrennt, ihr Wohlergehen oder Leid hat keinen Einfluß auf mich.

Diese Abgrenzung kann zudem noch durch den Rivalitäts-Instinkt verstärkt werden. Die anderen wollen mir was wegnehmen? Das wollen wir doch erst mal sehen! Die anderen wollen mir was vorschreiben? Da haben sie sich aber geirrt!

Im Extremfall sieht man dann sich und seine eigene Gruppe als die Wertvollen und als die Guten an, während alle anderen die Wertlosen und die Bösen sind. Dadurch wird der Hilfsbereitschafts-Instinkt in Bezug auf die anderen vollständig abgestellt. Dann können Extreme wie Trumps „Amerika first", Hitlers Judenvernichtung und alle Arten von Kriegen entstehen.

Diese Form des platten Egoismus funktioniert nur, wenn man die Rivalität über den Gruppenzusammenhang stellt und daher nicht mehr „Wir helfen uns gegenseitig und schaffen das gemeinsam." denkt, sondern stattdessen „Wir oder die!" fühlt.

Wir tragen beide Instinkte in uns: die altruistische Hilfsbreitschaft, die die Gruppe erhält, und die egoistische Rivalität, die sich selber durchsetzen will.

Dieser Egoismus und diese Rivalität wird für das Überleben gebraucht – schließlich kann nichts überleben, das nicht den Überlebensinstinkt in sich trägt – aber wenn dieser Egoismus zu kurzsichtig wird und nicht mehr erkennt, was die Folgen des eigenen Handelns sind, dann wird es problematisch. Wenn der eigene Egoismus so kurzsichtig wird, daß er nicht mehr erkennt, wenn er an dem Ast sägt, auf dem er selber sitzt, wird dieser Egoismus zerstörerisch. Es wird also ein weitsichtiger Egoismus gebraucht, der die Folgen des eigenen Handelns überschaut und sie bei seinen Entscheidungen berücksichtigt.

Der Mangel an dieser Weitsicht und Einsicht ist auch das Grundproblem bei der Klimaerwärmung: Das Problem ist zu weit weg und zu diffus für eine instinktive, sinnvolle Reaktion auf die Situation … Wir müssen daher unsere Instinkte durch unseren Verstand ergänzen – sonst können wir nicht sinnvoll auf unsere globale Lage reagieren, sonst bleiben wir in selbstzerstörerischer Kurzsichtigkeit, sonst bleiben die Parteien in Machtstreben und Konkurrenz verhaftet, sonst tun sich nicht alle zusammen, um die drohenden Gefahren abzuwenden.

Das ist die Haltung der „rechten Parteien" – und ihr Problem … unser Problem …

<u>zu viel Hilfsbereitschaft</u>

Wenn es ein „zu wenig Hilfsbereitschaft" gibt, dann gibt es vielleicht auch ein „zu viel Hilfsbreitschaft". Offensichtlich tritt diese Abweichung vom sinnvollen Maß bei den Menschen auf, die im Gegensatz zu den Egoisten keine harte äußere Grenze haben, sondern deren Abgrenzung nach außen hin sehr schwach und sehr durchlässig ist. Diese Menschen empfinden das Leid der anderen genauso intensiv wie ihr eigenes Leid und sie engagieren sich daher für die Not in der ganzen Welt. Sie lassen sich leicht ausnutzen und sie werden schnell von anderen abhängig und manche von ihnen übernehmen sogar aus lauter Mitgefühl sogar die Krankheiten der anderen.

Diese Menschen sind also altruistische „Gemeinschafts-Menschen" – im Gegensatz zu den egoistischen „Rivalitäts-Menschen". Sie sind weitsichtig und sehen, was die anderen alles an Hilfe brauchen, was die Menschheit insgesamt dringend verändern muß um sich nicht selber zu schaden – aber sie vergessen darüber oft ganz und gar, was sie eigentlich selber brauchen. Sie opfern sich für andere auf und helfen und pflegen und spenden, aber werden davon selber krank und brauchen schließlich selber jede Menge Hilfe. Diese Haltung ist auch nicht „heil" und „gesund".

Während sich die Egoisten mit heftigen Fußtritten und unerwarteten Ellenbogenstößen nehmen, was sie haben wollen, blicken die Altruisten ständig darauf, was die Gemeinschaft braucht und opfern sich für sie auf.

<u>das rechte Maß</u>

Es ist offensichtlich notwendig, daß rechte Maß von Egoismus und Altruismus zu finden – oder wie es in der Politik meistens genannt wird: das rechte Maß zwischen Freiheit und Sozialismus. Allerdings geht es hier nicht wirklich um ein „Maß" im Sinne von „50% Freiheit + 50% Sozialismus", sondern darum, wie wir unsere Ziele kurzfristig, mittelfristig und langfristig erreichen können.

Wenn ich Hunger habe, kaufe ich mir ganz egoistisch ein Brötchen oder eine Pizza. Das ist ein kurzfristiges Bedürfnis, das auch eine kurzfristige Lösung braucht. Und dieses Problem kann ich ganz egoistisch und alleine und schnell lösen.

Wenn ich Probleme habe, eine neue Wohnung zu finden, ist das ein anderes Problem:

Schließlich kann dieses Probleme nur dann auftreten, wenn auch noch andere in der Stadt oder dem Land, in dem ich lebe, dasselbe Problem haben. Ich werde nur dann Schwierigkeiten haben, eine neue Wohnung zu finden, wenn es mehr Menschen gibt, die eine Wohnung suchen als Wohnungen, die angeboten werden. Wenn ich reich bin, wird es mir nicht schwerfallen, trotzdem eine Wohnung zu finden, doch wenn ich zu den Menschen mit einem mittleren oder niedrigen Einkommen zähle, kann die Wohnungssuche zu einem echten Problem werden. Mein Problem und die Probleme der anderen sind gleich und werden daher zu einem Gemeinschaftsproblem – das man folglich auch nur gemeinschaftlich beheben kann. Es müssen mehr Wohnungen gebaut werden, sie müssen billiger werden und die Bevölkerung darf nicht weiter wachsen, sondern sollte lieber schrumpfen. Dieses Problem läßt sich nur mittelfristig lösen.

Wenn sich jedoch durch die Lebensweise von uns Menschen auf der Erde das Klima erwärmt und die Überflutung der fruchtbaren Küstengebiete droht, weil das Schmelzen des Eises an den Polen und in den Gletschern in den Bergen den Meeresspiegel bis zu 67m ansteigen lassen kann, dann ist das ein Problem, das uns alle auf der Erde betrifft – das ist dann ein Menschheits-Problem. Dieses Problem läßt sich nur langfristig lösen, indem wir den CO_2-Ausstoß verringern und ganz allgemein auf den Schutz unserer Umwelt achten.

- Probleme, die man kurzfristig lösen kann, lassen sich meistens auf rein egoistische Weise ganz alleine lösen.

- Probleme, die man mittelfristig lösen kann, lassen sich meistens nur auf eine kombinierte egoistische und gemeinschaftlich Weise lösen.

- Probleme, die man nur langfristig lösen kann, lassen sich meistens nur auf eine umfassend gemeinschaftliche Weise lösen.

Es kommt beim „rechten Maß" also nicht auf eine Menge an, also nicht auf die richtige Mischung von Freiheit und Sozialismus, sondern darauf, daß Wesen einer Situation und des Problems in dieser Situation richtig zu erkennen und dann auch noch zu verstehen, welcher Lösungsansatz dafür gebraucht wird.

Das ist natürlich nicht so ganz einfach, da es immer in jedem Menschen mehr als ein Bedürfnis gibt. So hat zum Beispiel das Rivalitäts-Denken dazu geführt, daß die FDP die „Ampel"-Regierung daran gehindert hat, Schulden zu machen, um die anstehenden Probleme angehen zu können, die u.a. durch den russischen Angriffskrieg gegen die Ukraine entstanden sind. Die CDU hätte auch durchaus schon vor den Wahlen der SPD und den Grünen anbieten können, die Schuldenbremse aufzuheben oder umzugestalten – doch um selber an die Macht zu kommen, war es für die CDU passender, damit bis nach der Wahl zu warten.

Ein solches Vorgehen, das ganz klar nur auf die eigene Macht ausgerichtet ist, macht eine Partei jedoch weder glaubwürdiger noch beliebter. Der Grünen-Politiker Robert

Habeck, der immer versucht hat, mit den anderen Parteien trotz aller Differenzen zusammenzuarbeiten, ist letztlich an diesem Machtstreben der anderen Parteien gescheitert: Man kann nicht mit den anderen zusammenarbeiten, wenn die anderen vor allem auf den Erhalt der eigenen Macht achten.

Es gibt hier offensichtlich noch einiges zu lernen, was das Betreiben einer sinnvollen Politik angeht, die wirklich voll und ganz auf das Lösen der anstehenden Probleme ausgerichtet ist …

<u>Berufe</u>

Es gibt einige Berufe, die auf die Hilfe „hier und jetzt", also auf die Hilfe in Notfällen ausgerichtet sind. Zu ihnen gehren die Rettungssanitäter, die Feuerwehr, die Polizei, das Technische Hilfswerk und ähnliche. Diese Berufe werden nicht unbedingt zu den sozialen Berufen gerechnet, aber sie kümmern sich um Menschen in akuter Not und sind daher auf die Hilfe für die Gemeinschaft ausgerichtet.

Generell sind die sozialen Berufe eher anstrengende Berufe. In vielen Berufen gibt es geregelte Abläufe, vorhersehbare Tätigkeiten und einen klar geregelten Feierabend. Das ist in den sozialen Berufen jedoch fast überall anders, weshalb sie für viele Menschen auch zu anstrengend sind.

- Man braucht zunächst einmal eine hohe emotionale Belastbarkeit, da man ständig mit den Sorgen und dem Leid der anderen Menschen zu tun hat und dabei auch ständig emotional ansprechbar sein muß.

- Man benötigt Empathie, Mitgefühl und Einfühlungsvermögen und muß die Bedürfnisse der anderen erkennen und sich darauf einlassen. Man ist daher in seinem Handeln weitgehend reaktiv und fremdbestimmt. Dafür braucht man ein offenes und am besten auch noch liebevolles Wesen.

- Solch eine Arbeit kann man natürlich nur dann durchführen, wenn man hilfsbereit ist und wenn man am besten auch noch spontan ist, weil man sich ständig auf neue Situationen einstellen und neue Menschen eingehen muß. Das ist nicht unbedingt einfach und auch nicht jedermanns Sache – man muß schon sehr kontaktfreudig sein und man darf keine Berührungsängste haben.

- Gleichzeitig braucht man aber auch noch Verantwortungsbewußtsein, Zuverlässigkeit, Sorgfalt, Geduld und Ausdauer. Das Maß, in dem man diese Eigenschaften benötigt, variieren natürlich zwischen den verschiedenen sozialen Berufen.

- Auch körperliche Fitness ist in vielen Fällen unentbehrlich. Zudem gibt es Schichtdienste, Wochenendarbeit, Nachtschichten und allgemein die Notwendigkeit einer großen zeitlichen Flexibilität.

2. Besitz

das Prinzip

Viele soziale Berufe dienen der Erhaltung von dem, was an Gutem da ist: die Erhaltung der Gesundheit, der Wohnung, des Einkommens, der sozialen Kontakte, der Arbeitsfähigkeit usw.

Das sind auf den ersten Blick natürlich alles soziale Tätigkeiten, die dem Wohlergehen der anderen dienen. Allerdings hat das durchaus auch eine egoistische Seite: Wenn man den Menschen frühzeitig bei ihren Problemen hilft, kann man oft vermeiden, daß aus den kleinen Problemen wie z.B. einem körperlichen Gebrechen, einer finanziellen Schwierigkeit oder einer psychischen Krise wirklich große Probleme entstehen. Schließlich kann man oft, wenn ein Problem gerade erst entsteht, verhindern, daß dieses Problem noch weiter anwächst und dann wirklich groß wird.

Die Hilfe bei der Früherkennung eines Problems ist oft sehr viel weniger aufwendiger als das, was nötig wird, wenn „das Kind bereits in den Brunnen gefallen ist". Daher wird die Gemeinschaft insgesamt weniger belastet, wenn es eine Aufmerksamkeit füreinander gibt. Da dann insgesamt weniger Hilfe geleistet werden muß, ist diese Früherkennung ganz im Sinne des Egoismus, weil das Sozialsystem durch Früherkennung weniger belastet wird als durch die langandauernden Heilungs- und Lösungsversuche von chronischen Problemen. Das Gute und Erwünschte umsichtig zu bewahren erspart viele Kriseneinsätze und Langzeittherapien.

Dieses Prinzip kann man noch einen Schritt weiter ausdehnen: Wenn man sich von vorneherein um das Wohlergehen der Menschen kümmert, muß man sich anschließend deutlich weniger um das Leid der Menschen kümmern. Dieser Ansatz spart viel Zeit, Arbeit, Geld und Mühe.

zu wenig Besitz

Wenn man zu wenig darauf achtet, daß es allen einigermaßen gut geht, wird es zu Krisen kommen. Dazu gehört auch ganz schlicht die Verteilung des Wohlstandes. Wenn alle Menschen innerhalb einer schmalen Bandbreite gleich viel besitzen – z.B. die reichsten nur zehnmal so viel wie die Ärmsten – dann werden auch die allermeisten in der Lage sein, ihre Gesundheit und ihr allgemeines Wohlergehen zu schützen. Wenn es jedoch am Geld fehlt, wird das sehr schwierig.

Die Verteilung des Reichtums ist nicht nur eine wirtschaftliche Frage, sondern auch eine soziale Frage. Leider ist der Wohlstand auf der Erde derzeit extrem ungleich verteilt und es sterben noch immer jeden Tag 24.000 Menschen an Hunger oder an den Folgen von unzureichender Ernährung. Auch reines Trinkwasser ist nicht für alle Menschen zugänglich. Weiterhin leben viele in Slums.

Die Armut von großen Teilen der Bevölkerung auf der Erde entsteht nicht dadurch, daß zu wenig für alle da wäre, sondern durch die ungleiche Verteilung von dem, was da ist.

Warum wird der Wohlstand nicht gerechter verteilt? Weil es zum einen auch den kurzsichtigen Egoismus gibt, der nicht weiter als bis zu der eigene Familie und auch nicht weiter als bis zum nächsten Jahr schaut, und weil es zum anderen auch noch das Rivalitäts-Prinzip gibt, das dazu führt, daß man ein größeres Stück von dem Kuchen abhaben will als der andere.

zu viel Besitz

Wenn die einen zu wenig bekommen, nehmen sich die anderen offensichtlich zu viel. Warum tun sie das? Viele Reiche leben in Existenzangst und haben eine heimliche Gier nach immer mehr. Obwohl sie reich sind, leben sie innerlich in einem Mangel, den sie aktiv und oft rücksichtslos zu vermehren trachten. Doch so viel dieser Reichtum auch wachsen mag, kann er niemals diesen inneren Mangel stillen.

Es gibt aber natürlich auch Reiche, die nicht von Mangel und Verlustängsten geplagt und geprägt sind. Diese Reichen kümmern sich auch um die Armen, gründen Stiftungen, engagieren sich für soziale Gerechtigkeit usw. Doch leider gibt es viel zu viele Menschen, die nach möglichst viel Geld streben, um damit (erfolglos) ein Loch in ihrer Psyche zu füllen.

Sie wollen in in einem Palast wohnen, weil sie sich heimatlos fühlen; sie wollen ihren Kinder ein Haus vererben, weil sie selber von ihren Eltern keinerlei Wärme erhalten haben; sie bauen sich eine Festung, weil sie in einem Land geboren worden sind, in dem Krieg herrschte; sie wollen der Reichste von allen sein, weil sie als Kind niemals Wertschätzung erlebt haben …

das rechte Maß

Was ist nun das rechte Maß? Die einfache Lösung: Das gesamte Eigentum auf der Erde addieren und dann durch 8 Milliarden teilen und jedem dann seinen gleichen Anteil geben. Allerdings wird bereits nach einem Monat wieder eine große Ungleichheit herrschen, weil es ja weiterhin Gierige und Großzügige gibt – solche, die alles haben wollen, und solche, die bereitwillig geben; solche, die viel verdienen, und solche, die wenig verdienen; solche, die selber arbeiten, und solche, die andere für sich arbeiten lassen. Einmal das gesamte Eigentum gleichmäßig aufzuteilen kann also nicht die Lösung sein.

Eine weitere naheliegende Lösung: Alle erhalten denselben Lohn. Dann wird es jedoch recht wahrscheinlich viele Arbeiten geben, die keiner machen will – und außerdem gibt es ja auch noch andere Möglichkeiten, zu Geld zu kommen, wie Handel, Spekulation, Bankgeschäfte, Betrug, Erpressung usw. Bei diesen Themen sind die Menschen erfahrungsgemäß ausgesprochen findig …

Eine dritte Möglichkeit wären „Leitplanken". Diese Leitplanken können zum einen den Einzelnen vor der größten Armut bewahren und zum anderen die Gemeinschaft vor der Anhäufung von zu großem Reichtum bei Einzelnen schützen.

In Bezug auf den Schutz des Einzelnen vor zu großer Armut könnte man jedem einen Minimallohn zugestehen, den jeder unabhängig von seiner Arbeit erhält. Eine andere Möglichkeit ist das Sozialsystem, das aus Krankengeld, Arbeitslosengeld, Rente usw. besteht.

In Bezug auf den Schutz der Gemeinschaft vor dem zu großen Reichtum von Einzelnen könnte man eine Reichtums-Steuer o.ä. einführen, die den Reichtum oberhalb einer bestimmte Grenze auflöst. Das ist natürlich schwierig, solange vor allem die Reichen die Gesetzte bestimmen und solange es Privatbesitz an Produktionsstätten gibt, also „Unternehmer-Reichtum". Der Ansatz von Karl Marx, das Produktionskapital zu enteignen und zu Gemeinschaftseigentum zu machen, hat leider nicht den erwünschten Erfolg gehabt. Hier ist also noch einiges an Kreativität notwendig.

Berufe

Einige soziale Berufe kümmern sich ganz direkt um die materielle Not der Menschen wie Alltagsbegleiter, Sozialamts-Angestellte, Hauswirtschaftshelfer, Leiter von Obdachlosenheimen, Mitarbeiter bei „Brot für die Welt" und ähnliche.

Es gibt jedoch keine hauptberuflichen „Armuts-Bekämpfer" oder gar „Reichtums-Bekämpfer", die dafür sorgen, daß das Eigentum und das Einkommen nicht zu ungleich verteilt wird.

Doch es gibt immerhin zumindest in einigen Ländern Ämter, die dafür sorgen, daß die ganz große Not der Menschen gelindert wird. Selbstverständlich ist das allerdings nicht überall in der Welt. In vielen Gegenden ist auch noch heute die eigene Sippe die einzige materielle Absicherung, die es gibt.

Ein generelles Problem bei den sozialen Berufen ist es, daß man in diesen Berufen nur sehr wenig verdient – der Lohn liegt oft nicht allzu weit über dem Mindestlohn. Das führt dazu, daß sich nur wenige unverbesserliche Idealisten für die sozialen Berufe bewerben.

3. Schulen

$$\text{II}$$

das Prinzip

Zum sozialen Handeln und zu den sozialen Berufen gehört auch die gesamte Bildung. Diese Berufe sind zwar nicht helfend-pflegend, sondern eben bildend, aber da sie ganz auf andere Menschen ausgerichtet sind, kann man sie auch zu den sozialen Berufen zählen.

Hier geht es um das Vermitteln von Wissen und um das Anleiten zum Erwerben von Fähigkeiten – ins besondere um intellektuelle Fähigkeiten, obwohl soziale und künstlerische Fähigkeiten auch eine Rolle spielen. Vermutlich wäre es sinnvoll, wenn vor allem die sozialen Fähigkeiten in der Bildung deutlich stärker betont würden.

Dieses Wissen wird in den Schulen, in der Lehre, in der Ausbildung und im Studium vermittelt. Dieses Wissen ist die Grundlage für das spätere Berufsleben. Ebenso ist die soziale Kompetenz, die sich idealerweise während der Schulzeit entwickelt, das Fundament für das spätere Sozialleben einschließlich der eigenen Biographie, der eigenen Familie, dem Umfeld, dem Beruf, der politischen Betätigung bis hin zu dem Umgang mit Menschheitsproblemen wie dem Klimawandel.

zu wenig Bildung

Daß sich die Schulen in Deutschland im Jahr 2025 in einem schlechten Zustand befinden, hat sich inzwischen vermutlich allgemein herumgesprochen. Damit ist nicht nur das Bauwerk „Schule" gemeint, sondern auch die Anzahl der Lehrer und die Verfassung der Schüler.

(Der Einfachheit halber ist hier nur von Schülern und Lehrern die Rede – es sind aber auch die Schülerinnen und Lehrerinnen gemeint.)

Derzeit fehlen 85.000 Lehrer; 50.000 Schüler verlassen jedes Jahr die Schule ohne Abschluß und geraten meistens in das Sozialsystem; die Leistungen der Schüler sinken Jahr für Jahr; die Lern-Motivation sinkt ebenfalls beständig; die Gewaltbereitschaft an den Schulen steigt genauso beständig, und sowohl die Sprache als auch das Verhalten verroht in zunehmendem Maße. Es ist ein Desaster …

Leider sind das noch nicht alle Probleme an den deutschen Schulen:

71% der Schüler im Alter von 7-17 Jahren fühlen sich einsam;
58% der Schüler im Alter von 12-19 Jahren haben schon Fake News
    gesehen (und tendenziell nicht als solche erkannt);
51% der Schüler haben schon einmal beleidigende Kommentare gehört;
41% der Schüler vertreten radikale politische Ansichten;
40% der Schüler glauben an Verschwörungstheorien;
39% der Schüler haben schon Hassbotschaften erhalten;
33% der Schüler im Alter von 15 Jahren verfehlen in Mathematik die
    Mindestanforderungen;
30% der Schüler haben schon pornografische Inhalte gesehen;
30% der Schüler haben schon belastende Inhalte bei Social Media gesehen;
30% der Schüler haben schon sexuelle Belästigungen erlebt;
25% der Schüler im Alter von 15 Jahren verfehlen im Lesen und Schreiben
    die Mindestanforderungen;
21% der Schüler sagen von sich selber, daß sie unter einer geminderten
    Lebensqualität leiden;
20% aller Schüler leiden unter psychologischen Auffälligkeiten;
6% aller Schüler haben die deutsche Sprache erst in der Schule gelernt.

Offensichtlich besteht an den deutschen Schulen ein sehr großer Handlungsbedarf, wenn das gesamte System nicht jegliches Niveau verlieren soll …

zu viel Bildung

Angesichts der Betrachtungen in dem vorigen Abschnitt sollte man meinen, daß es derzeit nicht zu viel Bildung geben könnte, sondern daß es eklatant an Bildung mangelt.

Das ist einerseits richtig, aber andererseits auch vollkommen falsch. Ein normaler Arbeiter oder Angestellter arbeitet in Deutschland 40 Stunden pro Woche: an 5 Tagen jeweils 8 Stunden.

Und Schüler? Auch sie haben an 5 Tagen die Woche Unterricht, aber der Unterricht beträgt pro Woche mindestens 66 Schulstunden zu 45 Minuten, d.h. umgerechnet 50 Stunden zu 60 Minuten. Und das ist nur das Mindestmaß, das oft noch überschritten wird. Dazu kommen noch einmal zwei Stunden Hausaufgaben pro Tag, also noch einmal 10 Stunden. Ein Schüler arbeitet also pro Woche 60 Zeit-Stunden, also eineinhalb-mal so viel wie ein normaler Arbeiter oder Angestellter. Weiterhin verbringen manche Schüler auch noch nach der Schule einige Zeit in einer Offenen Ganztagsschule (OGS).

Kann das richtig sein?

<u>das rechte Maß</u>

Das „rechte Maß" kann bei diesem Thema nur als die „richtige Veränderung" beschrieben werden. Es werden mehr Lehrer gebraucht; die Schulen müssen renoviert werden; die Zeit, die Kinder pro Woche mit der Schule verbringen sollte wie bei Arbeitern und Angestellten auf 40 Stunden begrenzt werden; es werden sehr viele Schulpsychologen und Sozialarbeiter in den Schulen gebraucht; und es wird ein Gesamtkonzept zur „Heilung" und Weiterentwicklung der Schulen benötigt.

Es werden weiterhin Lehrkräfte, Konzepte und Kurse zur Integration der Zuwanderer benötigt; dazu auch das Lehren von Deeskalations-Methoden; Anleitungen zur Toleranz und Kooperation und ähnliches mehr, was die Verrohung an den Schulen wieder rückgängig macht. Diese Maßnahmen sind unter anderem auch mit der zunehmenden Verarmung der untersten Bevölkerungsschichten und der fehlenden Unterstützung für überforderte Eltern verbunden.

Eine Mammutaufgabe …

Ein wesentlicher Ansatzpunkt ist auch die Förderung der Kindergärten und Kindertagesstätten, da in ihnen die Grundlage für die Charakterbildung der späteren Schüler gelegt wird. Es wird mit sehr großer Wahrscheinlichkeit weitgehend wirkungslos sein, wenn nur in die Schulen, aber nicht in die Kindergärten investiert wird.

<u>Berufe</u>

Der Beruf, der für die Bildung maßgeblich ist, ist der Lehrer. Die Lehrer haben es nicht einfach – und das gleich aus mehreren Gründen:

     - die Ausbildung ist anspruchsvoll und dauert lange;

     - es gibt viel zu wenige Lehrer, was zu einer drastischen Überbelastung der verbliebenen Lehrer führt;

     - das Verhalten der Schüler verroht immer mehr;

     - das Arbeitspensum der Lehrer ist enorm: Vorbereitung des Unterrichts, Durchführung des Unterrichts, nachbereiten des Unterrichts, Korrektur der Klassenarbeiten; Lehrerkonferenzen; usw.

Die Arbeit der Lehrer unterscheidet sich recht deutlich, was vor allem davon abhängt, welche Art von Lehrer man betrachtet: Grundschullehrer, Oberstufenlehrer, Gymnasiallehrer, Fachlehrer, Dozent, Professor, Sportlehrer, Musiklehrer, Waldorflehrer, Montessori-Lehrer …

Daneben gibt es auch noch speziellere Lehrer wie Gymnastiklehrer, Fußballtrainer, Tennistrainer, Schwimmlehrer, Kampfsporttrainer, Parcourtrainer, Ninjatrainer, Tanzlehrer, Ballettlehrer, Privatlehrer, Praxisanleiter usw., die sich meistens in einer anderen Situation befinden als normale Schullehrer, da die Schüler, die zu ihnen kommen, das lernen wollen, was sie lehren – und nicht wie in der Schule das lernen sollen/müssen, was dort gelehrt wird …

Das Lernen-müssen ist generell ein Dilemma an den Schulen.

Das Angebot an Ausbildungen zum Lehrer ist recht umfangreich und vielfältig: Studium für Lehramt, Erziehungswissenschaften, Bildungswissenschaften, Pädagogik, Medienpädagogik, Sozialpädagogik, Frühpädagogik, Kindheitspädagogik, Heilpädagogik usw.

Wenn man bedenkt, daß man in der Schule die Grundlagen für den späteren Beruf und auch die Allgemeinbildung erwirbt, ist die Vernachlässigung der Schulen, der Lehrer und der Schüler eine der sichersten Methoden, eine Zivilisation einschließlich ihrer Kultur zu zerstören.

Die Förderung der Bildung ist kein soziales Luxus-Problem, sondern das Absichern der Grundlagen für fast alles andere – einschließlich des allgemeinen Wohlstandes in einem Land. Wenn alle Entscheidungen in einem Staat vor allem von Einsicht, Vernunft und Weisheit gelenkt werden würde, würden die Politiker als erstes dafür sorgen, daß die Schulen und die Kindergärten wieder zu Orten werden, an der die Kinder bzw. Schüler soziale Fähigkeit und Wissen erlernen – und idealerweise auch noch darin gefördert werden zu erkennen, wer sie selber eigentlich sind und wie sie ihr Leben leben wollen.

Das wäre dann ein wirklich solides und tragfähiges Fundament für alles andere einschließlich der politischen Kultur in dem betreffenden Land. Das würde die Bevölkerung auch in die Lage versetzen würde, mit Krisen konstruktiv umzugehen.

Leider gibt es in diesem Punkt derzeit gewaltige Defizite in Deutschland … und nicht nur in Deutschland …

4. Kindergärten

♋

<u>das Prinzip</u>

Die erste Gemeinschaft, die ein Mensch kennenlernt, ist seine Herkunftsfamilie, also seine Mutter und meistens auch seinen Vater sowie einige Geschwister. Die zweite Gemeinschaft ist der Kindergarten oder die Kindertagesstätte („Kita") und die dritte dann die Schule. Auf sie folgen dann noch die Berufsgemeinschaft und schließlich die selber gegründete Familie.

Der Kindergarten oder die Kindertagesstätte ist folglich der Ort, an der ein Kind am zweitstärksten geprägt wird – gleich nach seiner Prägung in seinem Elternhaus. Der Kindergarten sollte also ein Ort sein, an dem Menschen arbeiten, die gerne mit Kindern zusammen sind, die eine große soziale Weisheit haben und die diese Weisheit den Kindern weitergeben können.

Idealerweise würden diejenigen, die in den Kindergärten arbeiten, die Dinge, die in deren Elternhaus nicht so ganz optimal gelaufen sind, also diese schädlichen Prägungen bei den Kindern weider auflösen und das Verhalten der Kinder in eine sinnvollere, konstruktive Richtung lenken.

Das ist natürlich ein hoher Anspruch an alle Kindergärtnerinnen und Kindergärtner, doch er scheint notwendig zu sein. Die Kinder sind nicht erst in der Schule gestreßt, aggressiv und bisweilen unfähig, irgendetwas in einer Gemeinschaft zu tun, sondern bereits im Kindergarten. Im Kindergarten sind die Kinder jedoch noch ein bißchen „formbarer" als später in der Schule – ihre Verhaltensweisen haben sich noch nicht so sehr verhärtet. Die ersten Lebensjahre sind für die gesamte Entwicklung eines Kindes besonders wichtig.

Angesichts dieser Situation sollte es also möglichst viele Kindergärtner geben und sie sollten am besten entweder aus sich heraus gut mit Kindern umgehen können oder ausgebildete Psychologen sein. Das ist natürlich eine sehr hohe Anforderung an die Kindergärtner und es wäre ausgesprochen wünschenswert, wenn die Erziehung der Kinder durch ihre Eltern ein solch hohes Niveau des Kindergarten-Personals überflüssig machen würde. Doch leider ist das nicht der Fall und die Kindergärten sind der erste Bereich, in der die Gemeinschaft als Ganzes – also der Staat – einen Einfluß auf die Erziehung und Entwicklung der Kinder nehmen kann.

Eine wesentliche Aufgabe der Kitas ist es, den Kindern zu helfen, mit ihren Gefühlen auf eine konstruktive Weise umzugehen, Bindungen aufzubauen, Probleme miteinander zu lösen, die Kreativität zu fördern, die Sprache weiterzuentwickeln und dabei auf jedes Kind individuell und mit ausreichend Zeit einzugehen.

Das ist natürlich sehr zeitaufwendig und erfordert viel Klarheit, Anteilnahme, Geduld und Sachkenntnis.

<u>zu wenig Einfluß</u>

Wieviel Einfluß sollte die Gemeinschaft auf die Erziehung der Kinder nehmen? Ist Erziehung nicht die Privatsache der Eltern? Im Prinzip ist das schon die Privatsache der Eltern, aber nur so lange, wie diese Erziehung der Gemeinschaft keinen offensichtlichen Schaden zufügt.

So, wie es zur Zeit in den Kindergärten aussieht – also ein großer Mangel an gut ausgebildeten Kindergärtnern – hat die Gemeinschaft auf jeden Fall einen zu geringen Einfluß auf die Erziehung der Kinder, weil nicht genügend Kindergärtner da sind, um sich wirklich um alle Kinder kümmern zu können. Das bedeutet natürlich nicht, daß der Kindergarten derzeit keinerlei Einfluß hat, aber er ist deutlich kleiner als es wünschenswert wäre.

Der Anteil an qualifizierten Fachkräften sinkt immer weiter und es müssen Menschen ohne Ausbildung eingestellt werden, um die Kindergärtner nicht aufgrund von Personalmangel schließen zu müssen. Das muß nicht notwendigerweise so sein: In der DDR gab es eine vollständige Versorgung mit Kita-Plätzen und außerdem hat sich die Lage in den Kindergärten vor allem erst in den letzten Jahren deutlich verschlimmert.

Es gibt zwar mittlerweile einen Rechtsanspruch auf einen Kindergartenplatz, aber der wird von den derzeit bundesweit 60.662 Kitas oft nicht erfüllt. Es fehlen bundesweit 430.000 Kita-Plätze und insgesamt 100.000 Fachkräfte. Insgesamt für die Kinder unter drei Jahren mangelt es an Kita-Plätzen. In Ostdeutschland wurden hingegen wegen der stark sinkenden Geburtenzahlen bereits einige Kindergärten geschlossen.

Ein Großteil der Eltern kann sich nicht mehr darauf verlassen, daß die Kita geöffnet hat und daß das eigene Kind dort gut untergebracht ist. 57% der Eltern haben bereits einmal oder mehrfach eine Verkürzung der Betreuungszeit oder sogar eine vorübergehende Schließung der Kita aufgrund von Personalmangel erlebt. Das bedeutet, daß diese Eltern dann, wenn der Kindergarten schließt, Urlaub nehmen, Überstunden abbauen oder in Teilzeitarbeit wechseln müssen, um für ihre Kinder sorgen zu können.

Diese Situation richtet auch einen ganz direkten volkswirtschaftlichen Schaden an, denn dadurch, daß die Eltern aufgrund der zeitweiligen Kita-Schließung weniger arbeiten können, gehen in Deutschland pro Jahr 1,2 Milliarden Arbeitsstunden verloren. Das bedeutet eine Verringerung des Bruttosozialprodukts um 22,7 Milliarden € – das sind immerhin 0,55% des BSP. Schon aus diesem rein wirtschaftlichen Grund können wir uns diesen Zustand der Kitas nicht leisten.

Es ist auch eine Schwierigkeit, daß es derzeit kaum möglich ist, daß sowohl der Vater als auch die Mutter nur 80% arbeiten, um gemeinsam die Ausfälle der Kita-Zeiten auffangen zu können. Natürlich ist das nur eine Maßnahme, um die Folgen des eigentlichen Problems – zu wenig Kita-Personal – abzufedern, aber solange das eigentliche Problem nicht gelöst worden ist, sollte zumindest das Arbeiten in Teilzeit erleichtert werden. Doch das ist in den meisten Unternehmen sehr schwierig bis unmöglich …

Doch der Mangel an Kita-Personal ist nicht das einzige Problem: Teilweise sind die Zustände in den Elternhäusern der Kinder auch schon so dramatisch, daß das Jugendamt einschreiten muß. Die Zahl der Kindeswohlgefährdungen steigt ständig weiter an, doch die Jugendämter haben wie die Kitas viel zu wenig Personal. Die beim Jugendamt Beschäftigten müssen pro Stunde einen Fall bearbeiten und nebenbei auch noch diejenigen beraten, die zu ihnen kommen. Das ist jedoch so gut wie unmöglich noch auf eine qualitativ ausreichende Weise durchführbar.

Auch in den Sozialämtern gibt es 20.600 offene Stellen – plus 20.500 offene Erzieher-stellen. Das bedeutet, daß insgesamt (im Jahr 2023) 56,4% aller Stellen in den Sozial-ämtern nicht besetzt gewesen sind. Weiterhin sind viele Wohngruppen für Kinder wegen Fachkräftemangel geschlossen worden. Aufgrund dieser Lage müssen 58% der Kinder, die dringend von ihren Eltern fortgeholt werden müßten, trotzdem weiterhin bei ihren Eltern bleiben, obwohl sie dort Vernachlässigung sowie sexuelle, psychische und körperliche Gewalt erleben. Im Jahr 2023 wurden mehr als 63.700 Fälle von Kindesgefährdung festgestellt – und das ist auch nur der kleine Teil der gesamten Fälle, die dem Jungendämter bekannt geworden sind.

zu viel Einfluß

Wie könnte ein zu großer Einfluß auf die Kinder im Vorschulalter aussehen? Dieser Zustand ist vor allem in totalitären, autokratisch geführten Systemen zu finden, in denen bereits den Kindern die offizielle Weltsicht des Staates eingetrichtert wird. So wurden z.B. in der Nazi-Zeit bereits den Kindern Geschichten darüber erzählt, wie die Juden ein ganzes Volk verderben können – z.B. mit Bildern wie dem einen Giftpilz, der das ganze Pilzgericht vergiften kann.

Natürlich wird es in den Kindergärten immer auch einen Einfluß des Weltbildes des Staat geben, in dem sich diese Kita befindet, aber es macht einen Unterschied, ob es sich dabei um das allgemeine politische, wissenschaftliche und religiöse Weltbild handelt, oder ob gezielt bestimmte Ansichten gefördert werden, die den bestehenden Status des Staates erhalten und festigen sollen. Das allgemeine Weltbild wird immer vermittelt, aber gezielte Indoktrination ist noch einmal etwas anderes.

<u>das rechte Maß</u>

Die Kitas sollten sich nicht zu viel in die Entwicklung der Kinder und in die Erziehung der Kinder durch die Eltern einmischen, aber sie sollten andererseits die Kinder in allem fördern, was sie brauchen, was auch eine Einmischung in die Entwicklung der Kinder und in den Erziehungsstil der Eltern bedeutet.

Das rechte Maß dieser Einmischung läßt sich nicht auf eine bestimmte Linie festnageln – und genauso wenig kann ein Kindergärtner sich ständig an diese Linie halten. Die Arbeit in einem Kindergarten ist etwas sehr Lebendiges – um es einmal freundlich auszudrücken. Man muß ständig auf alle und alles achten, muß immer wieder Streits schlichten, ein Kind zum Klo begleiten, anderen Kindern zuhören, auf den Kommentar der Kollegin achten, für das Frühstück sorgen, ein Pflaster auf eine kleine Wunde kleben, ein Spiel anleiten, die heftigen Emotionen der Kinder freundlich begleiten und den Kinder dabei Halt geben, alle zum Essen zusammenrufen …

In einer solchen Situation ist eine Orientierung an allgemeinen Regeln nur in sehr begrenztem Maße möglich und auch nur in begrenztem Maße hilfreich. Was hier mehr hilft, ist eine innere Ruhe und Gelassenheit, eine natürliche Autorität und vor allem eine große Liebe für die Kinder sowie das intuitive Verstehen des Charakters des einzelnen Kindes sowie das Erkennen, was das eigentliche Problem des Kindes ist.

Das rechte Maß ist für eine Kindergärtnerin also weniger das Wissen um Regeln und Weltanschauungen und dergleichen, sondern vor allem die eigene individuelle Reife und der eigene innere Frieden. Eine Kindergärtnerin, die erkannt hat, wer sie selber ist und die in dieser Selbsterkenntnis ruhen kann und aus ihr heraus strahlt, wird ohne daß sie noch viel tut, zu einem Vorbild für die Kinder, denn Kinder erkennen wie alle Menschen die Menschen, die glücklich sind. Und da jeder glücklich sein will, werden die meisten diejenigen als Vorbild nehmen und nachahmen, die Glück ausstrahlen.

Ein Kindergärtner braucht folglich zwar eine Ausbildung, um ausreichend Sachkenntnis zu erlangen, aber er braucht vor allem Weisheit – wenn man dieses „sich selber kennen und glücklich sein" einmal als „Weisheit" bezeichnen will.

Das ist natürlich ein hoher Anspruch an einen Kindergärtner (der genauso auch für alle Lehrer gilt), aber praktischerweise ist dieses Ziel des „sich selber kennen und glücklich sein" ja gleichzeitig das, was das Ziel des Kindergärtners für sich selber ist und was die ideale Voraussetzung dafür ist, ein guter Kindergärtner sein zu können.

Leider lernt man diese „Weisheit" in keiner Ausbildung zum Kindergärtner oder zum Lehrer – und auch in sonst so gut wie keiner Ausbildung …

Die Kinder sind unsere Zukunft … Warum kümmern wir uns nicht besser um sie als wir das derzeit tun?

Es gibt eine Vielzahl von sozialen Berufen, die sich vor allem um die Kinder kümmern. Das beginnt mit der Hebamme bei der Geburt, auf die dann die Kindergärtnerinnen, der Kinderpfleger, der Erzieher und die Alltagshelferin im Kindergarten folgen, dazu der Frühpädagoge und der Kindheitspädagoge, in Krisenfällen noch der Kinderarzt, der Kinderkrankenpfleger, der Jugendamts-Angestellte, der Familientherapeut und der Paartherapeut (für die Eltern des Kindes) sowie der Heilerziehungspfleger und der Heilerziehungspflegehelfer.

Von diesen Berufen haben die Kindergärtnerinnen zahlenmäßig und zeitmäßig den weitaus größten Anteil – sie betreuen die Kinder während der Zeit, in der die Eltern der Kinder arbeiten.

Für sie gelten besonders hohe Ansprüche an ihre Fähigkeiten, da sie die Kinder maßgeblich mitprägen und daher auch das Verhalten dieser Kinder später in der Schule, im Beruf, in der selbstgegründeten Familie und in der Politik beeinflussen. Der Beruf der Kindergärtnerin ist daher einer der einflußreichsten Berufe überhaupt.

Daher brauchen sie – wie bereits früher aufgeführt – ein hohes Maß an Verantwortungsbewußtsein, Zuverlässigkeit, Sorgfalt, Geduld und Ausdauer sowie die „Weisheit" genannte Eigenschaft, die darin besteht, daß man „sich selber kennt und glücklich ist" und das auch ausstrahlt und dadurch zum Vorbild für die Kinder wird, das die Kinder von sich aus anstreben, um ebenfalls glücklich zu werden.

5. Entfaltung

♌

das Prinzip

Die Gemeinschaft besteht idealerweise aus Individuen, die sich selber kennen, die das leben, was sie sind, und deshalb glücklich sind. Nun ist das ja nicht so einfach, genau das zu erkennen, zu sein und zu leben, was man ist. Daher gibt es auch Berufe, die sich die Förderung der Entwicklung hin zu einem solchen Leben zur Aufgabe gemacht haben.

Man kann diese Berufsgruppe in zwei Hälften teilen: in diejenigen Berufe, deren Aufgabe es ist, bereits entstandene Schäden zu beheben, und in diejenigen Berufe, deren Aufgabe es ist, das Wesentliche zu entfalten. Man könnte auch sagen, das es zum einen die Berufe sind, die die Menschen vom negativen bis zum neutralen Zustand begleiten, und in die Berufe, die die Menschen vom neutralen Zustand zum positiven Zustand begleiten – also die Heiler und die Förderer.

Auch diese beiden Berufsgruppen gehören zu den sozialen Berufen, da sie sich beide um die Menschen selber kümmern. Dabei ist die Abgrenzung zwischen diesen beiden Gruppen nicht immer ganz klar – und auch nicht unbedingt nötig.

Man könnte vereinfacht sagen, daß diese beiden Berufsgruppen das wieder in Ordnung bringen, was die ersten drei prägenden Menschengruppen bei einem jungen Menschen nicht erreicht oder in falsche Bahnen geleitet haben: die Eltern, die Kindergärtner und die Lehrer.

Diese vierte Gruppe, um die es in diesem Kapitel geht, ist jedoch nicht wie die Eltern, die Kindergärtner und die Lehrer schon natürlicherweise (Elternhaus) oder von der Gemeinschaft her (Kindergarten, Schule) ein Teil der Entwicklung eines jeden Menschen (zumindest nicht in Deutschland), sondern ein Sonderfall, der nur dann auftritt, wenn die Problem eines Menschen zu groß werden (dann sorgt die Gemeinschaft dafür) oder wenn solch ein Mensch selber einsieht, daß es in seinem Leben nicht mehr so wie bisher weitergehen kann (und er sich selber Hilfe sucht).

zu wenig Selbsterkenntnis

Ein Mangel an Selbsterkenntnis kann zu vielfältigen Problemen führen. Vor allem ist es kaum möglich, glücklich zu werden, wenn man seine grundlegenden Schwierigkeiten nicht aufgelöst hat. Zu diesen Hindernissen am Glücklichsein zählen in erster

Linie Traumata, da sie bewirken, daß ein Mensch in einem engen Lebensbereich oder ganz allgemein durch ein früheres Erlebnis in seinem Verhalten geprägt und gelenkt wird. Man ist dann nicht mehr in der Lage, zu entscheiden, sondern reagiert aufgrund des Traumas reflexhaft. Doch auch andere „unverdaute" Erlebnisse, die nicht die Härte und Starre eines Traumas haben, können große Schwierigkeiten bereiten.

Ein Trauma kann man sich als einen „psychischen Krampf" vorstellen, bei dem in einer Situation mit extremem Mangel, extremer Angst oder extremen Selbstzweifeln etwas in der Psyche „eingerastet" ist und ohne Hilfe nicht wieder beweglich wird. In der Regel ist diese Trauma-Ursache eine Angst in einer Situation, die als lebensbedrohlich an gesehen wird.

Die Erkenntnis dieses Problems und seine Heilung sind die Voraussetzung dafür, daß der Betreffende aufhört auf reflexhafte Weise Angst-gesteuert zu sein und stattdessen wieder frei entschieden zu können. Ein Trauma ermöglicht es anderen – die solch ein Trauma bei einem anderen ja spüren können – bei dem Betreffenden „die Knöpfe zu drücken" und den Betreffenden dadurch in die Richtung zu lenken, in die sie ihn haben wollen.

Kollektiv gesehen wird diese Möglichkeit in der Werbung und in der Propaganda verwendet, die ja beide das bewußte Entscheiden der Menschen ausschalten und ihn dadurch lenkbar machen sollen.

Die Berufe, die die Traumata auflösen, und auch die Berufe, die die Selbsterkenntnis fördern, sind daher soziale Berufe, die gegen die sozialen Berufe der Werbefachleute und der Politiker kämpfen. Die einen wollen die Eigenständigkeit und die Freiheit der Menschen vergrößern, damit die Menschen selber bestimmen können, was sie tun – die anderen wollen die Eigenständigkeit und die Freiheit der Menschen verringern, damit sie besser gelenkt werden können.

<u>zu viel Selbsterkenntnis</u>

Wie bereits gesagt, gibt es die Gruppe der Sozial-Berufe, die die Eigenständigkeit der Menschen fördert und die Gruppe der Sozialberufe, die die Eigenständigkeit der Menschen verringert. Ein Sozialberuf ist – wenn man die Definition „Sozialberuf = Beruf, der sich auf Menschen bezieht" verwendet – nicht notwendigerweise für die Menschen förderlich.

Die Egoisten, die Macht über alle wollen, wenden soziale Kenntnisse an und engagieren Spezialisten mit Kenntnissen über das Sozialverhalten der Menschen – und ebenso die Altruisten. Es ist nun einmal eine Tatsache, daß Menschen sowohl Einzelwesen als auch Sozialwesen sind – Individuen in einer Gemeinschaft. Das führt dazu, daß sowohl die Egoisten als auch die Altruisten diese Sozial-Kenntnisse für ihre Ziele verwenden können.

Der Extremfall des „zu wenig Selbsterkenntnis/Selbstverwirklichung" findet sich seit 2017 in China in der Form des Sozialpunktesystems. Durch dieses System legt die Gemeinschaft – also der Staat – die Werte fest, nach denen sich die Menschen in China zu verhalten haben. Jeder startet mit 1000 Punkte und erhält Pluspunkte für Verhaltensweisen, die der Staat vorschreibt, und Minuspunkte für Verhaltensweisen, die der Staat ablehnt.

Wenn die Punkte weniger werden, erhält der Betreffende schrittweise Einschränkungen (Flug-Verbot, Eisenbahn-Verbot, Bus-Verbot u.ä.), durch die er gezwungen werden soll, sein Verhalten zu ändern. Zu den wesentlichen Verhaltensweisen, die zu Minus-Punkten führen, gehören neben Korruption und allen Arten von Gesetzesverstößen natürlich vor allem auch Widerspruch gegen die Regierung.

Durch das Sozialpunktesystem wird also der „staatstreue Bürger" erzogen. Wenn man dabei an Georges Orwells Roman „1984" denken sollte, liegt man damit sicherlich richtig.

Auch die in der Nazi-Zeit angestrebte Gleichschaltung und das Prinzip des Blockwarts, der alle Menschen in seinem Bereich überwachte, gehören in diese Kategorie.

das rechte Maß

Wie soll man hier nun das rechte Maß festlegen können? Die Heilung von Traumata und ähnlichen Einschränkungen ist auf jeden Fall notwendig, damit der Einzelne glücklich werden kann und auch dafür, daß die Gemeinschaft, die ja aus diesen Einzelnen besteht, funktionieren kann.

Andererseits ist ein Mindestmaß an allgemeinen Regeln, die von der Gemeinschaft festgelegt werden, ebenfalls notwendig.

Vermutlich gibt es auch hier wieder keine eindeutige Linie, auf die sich alle einigen könnten – zumal es ja auch immer noch diejenigen geben wird, die Macht über andere anstreben.

Da solche „Linien" zwischen zwei gegensätzlichen Einstellungen oder Impulsen generelle keine festgelegte Form haben, ist zudem zu bedenken, daß solche Formen irgendwann erschaffen werden und daß sie daher später auch wieder verschoben oder sogar ganz aufgelöst werden können. Es gibt also keine Form, die wirklich sicher das sinnvolle Maß bzw. das förderliche Gleichgewicht zwischen der Selbstentfaltung des Einzelnen und der Machtausübung durch die Gemeinschaft festlegen kann. Diese Grenze wird immer wieder verändert werden und es wird an ihr immer einen Interessenskonflikt geben. Diese Grenzlinie wird daher niemals „fertig" sein, sondern ständig weiterentwickelt werden – so wie auch das ganze politische System nicht dauerhaft stabil ist, sondern sich immer wieder verändert.

<u>Berufe</u>

Die zu diesem in diesem Kapitel betrachteten Thema gehörenden Berufe lassen sich in zwei Gruppen einteilen: die Berufe, die die Selbsterkenntnis und den Selbstausdruck des Einzelnen fördern, und die Berufe, die den Einzelnen prägen und lenken sollen.

Die erste der beiden Gruppen – die Eigenständigkeits-Förderer – lassen sich wiederum in diejenigen, die Schäden beheben, und in diejenigen, die die Essenz entfalten, aufteilen.

Zu denen, die die Schäden beheben, gehört der Therapeut, der Psychologe, der Psychiater sowie alle Pfleger und ähnliche, die mit ihnen in Praxen, psychiatrischen Kliniken u.ä. zusammenarbeiten.

Zu denen, die die Essenz entfalten, gehört der Berater, der Coach, der Lebensberater, der Berufsberater, der Yogalehrer, der Personal Trainer, weiterhin ein großer Teil der Menschen, die in den Rathäusern arbeiten, aber auch noch der Astrologe, die Kartenlegerin, die Wahrsagerin, die Menschen, die in der Erwachsenenbildung tätig sind, und viele andere mehr, die teilweise recht spezielle Aufgabenbereiche haben wie das Wiederfinden von verlorenen Gegenstände oder von vermißten Personen mithilfe von Telepathie.

In der Zeit von ca. 600v.Chr. bis 600n.Chr. wurde dieser Aufgabenbereich rings um das Mittelmeer, in Europa und im Nahen Osten bis hin nach Indien von den verschiedenen Mysterienkulten übernommen, die alle das Ziel der Selbsterkenntnis und der Eigenständigkeit hatten. Eine solche Einrichtung fehlt heute leider – wenn man einmal von den verschiedenen, meist abfällig als „Sekte" bezeichneten Gruppierungen absieht, die alle ein sehr unterschiedliches Niveau haben, aber teilweise durchaus ihr Heiler- und Förderer-Handwerk verstehen.

Schließlich bleiben noch die Berufe, die es sich weitgehend zum Ziel gemacht haben, andere zu prägen und zu lenken: die Werbefachleute und die Politiker.

6. Pflege

♍

das Prinzip

Ein wichtiger Aspekt der sozialen Berufe ist die Pflege der Menschen, die alt und schwach oder krank oder auf sonst eine Weise nicht dazu in der Lage sind, sich um ihr eigenes Wohlergehen zu kümmern. Diese Pflege reicht von der gelegentlichen Einkaufshilfe bis zu der Pflege eines Bettlägrigen im Altersheim.

Die Pflege der Alten, Kranken und Behinderten ist früher einmal die Aufgabe der Familie, der Sippe oder des Dorfes gewesen. Dadurch waren diese pflegebedürftigen Menschen weiterhin ein Teil der Gemeinschaft und konnten zumindestens in der ihnen noch möglichen Weise zum Wohlergehen der Gemeinschaft beitragen. Das ist heute, wo diese Menschen in Waisenheimen, Jugendheimen, Behindertenheimen, Krankenhäusern, Altenheimen usw. leben, jedoch nicht mehr möglich.

Dafür, daß ein weiser alter Mann Rat geben, ein Einbeiniger noch Werkzeugstiele schnitzen und der „Dorftrottel" noch bei der Ernte helfen kann, ist eben eine Gemeinschaft notwendig, in der die Einzelnen mit dem, was sie können, integriert werden. Das ist zumindestens in der westlichen Zivilisation heute nicht mehr gegeben, da die Gemeinschaft in Einzel-Individuen und bestenfalls in noch halbwegs intakte Kleinfamilien zerfallen ist.

Das hat dazu geführt, daß die Kranken in den Krankenhäusern zusammengelegt werden, die Alten gemeinsam in Altersheimen „versorgt" werden und die Behinderten in Behindertenheimen fortgesperrt werden.

Nun ist die Zusammenlegung der Kranken, Alten und Behinderten kein Allheilmittel, denn zumindestens die Altenheime und die Behindertenheime sind alles andere als Orte der Lebensfreude.

Es gibt ja auch durchaus schon Ansätze zu der Integration zumindestens von Behinderten in den normalen Alltag, doch die Inklusion von Behinderten in normale Schulklassen durch Integrationshelfer ist nicht gerade einfach und zudem für die Integrationshelfer nervenaufreibend, da er einerseits auf den Behinderten eingehen und ihm helfen sollen, aber andererseits auch das tun muß, was der Lehrer sagt, der die Klasse unterrichtet, und die Behinderten und der Integrationshelfer ja auch nicht den allgemeinen Unterricht stören dürfen. Und möglicherweise hat der Integrationshelfer ja auch noch seine ganz eigene Meinung, wie er gerade am liebsten mit der Situation umgehen würde.

Sowohl bei dieser Inklusion als auch bei dem Umgang mit den Alten wären einige gute kreative Ideen ausgesprochen wünschenswert.

zu wenig Pflege

Gibt es in irgendeinem Bereich unserer westlichen Zivilisation oder zumindestens in der Zivilisation in Deutschland zu wenig Pflege? Man kann zumindest sagen, daß der Umgang mit den Alten alles andere als menschenwürdig ist. Wenn man einmal ein Jahr in einem Altenheim gearbeitet hat, ist das offensichtlich.

Andererseits sind auch die Angehörigen oft mit den Alten überfordert – vor allem, wenn die Alten zu einem Pflegefall werden und die Angehörigen alle berufstätig sind. Eine sinnvolle Einrichtung ist die ambulante Altenhilfe, die es den Alten ermöglicht, weiterhin in derselben Wohnung zu bleiben wie bisher, aber ein- oder zweimal die Woche von einer dazu ausgebildeten Person Hilfe bei den Dingen erhalten, die sie nicht mehr alleine bewältigen können. Bei fortgeschrittener Demenz oder fortge-schrittenem Parkinson ist das allerdings nicht mehr möglich, da dann eine Teilzeit-Betreuung nicht mehr ausreicht.

Dasselbe gilt auch für viele Behinderte. Sie daheim zu beaufsichtigen und evtl. zu pflegen, würde es für viele Familien unmöglich machen, noch einer geregelten Arbeit nachzugehen. Die Größe dieses Problems hängt natürlich auch von der Größe und der Art der Beeinträchtigung des Behinderten ab.

Immerhin sind die Krankenhäuser Orte, an denen die Pflege ein sinnvolles Maß hat – und diese Pflege vor allem in aller Regel ja auch nur vorübergehend ist.

zu viel Pflege

Zu viel Pflege läßt sich eigentlich nirgendwo finden. Wenn man „Pflege" allerdings etwas allgemeiner als „Einsatz von Zeit, Geld und Engagement für das Wohlergehen eines Menschen" faßt, drängt sich der Vergleich zwischen dem Leben eines nur leicht körperlich eingeschränkten Menschen auf der Pflegestation eines Altenheims und einem Milliardär auf.

Hier könnte man durchaus argumentieren, daß man jedem Reichen – z.B ab dem Besitz von mehr als 1 Millionen Euro – die Unterstützung von einem Alten pro Million Euro Besitz auferlegt. Das würde dem Millionär nicht großartig schaden, aber dem Alten ein menschenwürdiges „halb-betreutes" Leben in seiner eigenen Wohnung ermöglichen. Auf diese Weise würde ein einziger Milliardär sogar 1000 Alten ein menschenwürdiges Leben ermöglichen. Diese Anzahl wäre insgesamt sogar noch größer, da der Milliardär die Alten ja nur für deren z.B. fünf letzten Jahre bis zu deren Tod unterstützen würde, wonach der nächste Alte von ihm gefördert werden würde.

Doch das sind zunächst mal nur Gedankenspiele, die sicherlich nicht so bald umgesetzt werden …

Doch man sollte sich einmal überlegen, was die Ausgabe von 500€ pro Monat für einen Millionär bedeutet und was die Unterstützung von 500€ für einen alten Menschen bedeuten kann.

<u>das rechte Maß</u>

Das rechte Maß ist – wie die bisherigen Betrachtungen bereits gezeigt haben – nichts, was man mit Zahl und Maß präzise festlegen könnte. Das rechte Maß hängt immer von dem ab, was die Mehrheit der Gesellschaft als gerecht empfindet – oder was die, die die Macht haben, als für sie nützlich empfinden.

Daher läßt sich nicht allgemein sagen, wie die Pflege in einer Gesellschaft aussehen und wie sie finanziert werden soll.

Man kann allerdings zumindest dazu anregen, sich diese ganzen Zustände, Zusammenhänge und Verhältnisse innerhalb einer Gemeinschaft einmal genauer anzusehen und sie sich bewußt zu machen.

<u>Berufe</u>

Die Arten der Pflege sind genauso vielfältig, wie die Pflegebedürftigkeit der Menschen sein kann:

Um die allgemein Pflege kümmern sich der Pflegefachmann und der Pflegeassistent, ganz allgemein der Betreuer und weiterhin (früher) die Zivildienstleistenden und heute diejenigen, die ein freiwilliges soziales Jahr ableisten.

Auch für die Erhaltung der Gesundheit sind viele verschieden Berufe zuständig: der Gesundheitspfleger und der Gesundheitspflegehelfer, der Kinderpfleger und der Kinderpflegehelfer, der Gesundheitskinderpfleger und der Gesundheitskinderpflegehelfer, der Reha-Trainer, die Übungs-Anleiter und alle Personen, die in einem Kurbetrieb beschäftigt sind.

Während einer Krankheit sorgen wieder andere Personen für die Kranken: die Krankenpfleger (früher „Krankenschwester“) und die Krankenpflegehelfer, die Kinderkrankenpfleger und die Kinderkrankenpflegehelfer, der Masseur, der Medizinische Bademeister und noch viele andere.

Einige Berufe helfen auch bei einer Bedürftigkeit im Alltag: der Hauspfleger, der Hauswirtschafter und der Hauswirtschaftshelfer, der Familienpfleger, der Sozialpädagoge und der sozialpädagogische Assistent, der Alltagsbegleiter und nicht zuletzt auch solche Berufe wie die Müllabfuhr.

Speziell für die Unterstützung der Alten sind neben den Ärzten die Altenpfleger und die Altenpflegehelfer zuständig.

Hilfe und Pflege in Notfällen erhalten die Menschen von dem Pflegefachmann für Akutpflege im Krankenhaus und von dem Pflegefachmann für Akutpflege in der Psychiatrie.

Die Behinderten werden u.a. von den Integrationshelfer, den Heilerziehungspflegern und den Heilerziehungspflegehelfer sowie von den Heilerziehungspflegeassistenten unterstützt.

Schließlich gibt es noch die Erziehung, Hilfe und Pflege für verlassene Kindern in den Waisenheimen: die Kinderheim-Erzieherin, den Jugend-Erzieher, den Heim-Erzieher, die Kinderdorfmutter und den Dorfhelfer.

7. Hilfe

♎︎

<u>das Prinzip</u>

Die sozialen Berufe sind allesamt helfende Berufe. Damit sind die sozialen Berufe ein Sonderfall der allgemeinen Erkenntnis, daß das Leben einfacher ist, wen man sich gegenseitig hilft. Die sozialen Berufe sind allerdings keine Hilfe unter Gleichgestellten, sondern – sehr stark vereinfacht gesagt – eine Hilfe von gut ausgebildeten Gesunden für unwissende Kranke.

Man kann diese Hilfe und somit die sozialen Berufe auch noch weiter differenzieren. Es gibt zum einen die „direkten oder Körper-bezogenen Sozialberufe", bei denen z.B. eine Krankenschwester einem Patienten einen Verband anlegt. Dann gibt es die „indirekten oder Psyche-bezogenen Sozialberufe", die z.B. einen Jugendlichen bezüglich seiner Berufswahl beraten. Bei der ersten Gruppe wird ein offensichtliches Problem durch einen Helfer von außen behoben (Verband anlegen), während bei der zweiten Gruppe der, dem geholfen wird, durch diese Hilfe in die Lage versetzt wird, sich selber zu helfen (sinnvolle Berufswahl).

Man kann auch fragen, wie sehr der Anteil des ganz konkreten Kontaktes mit Menschen in dem sozialen Beruf ist? Beim Anlegen eines Verbandes besteht ein Körperkontakt, beim Beraten im Arbeitsamt besteht immer ein gemeinsames Gespräch in demselben Raum, bei der Telefonseelsorge gibt es ein Gespräch, aber keine physische Anwesenheit in demselben Raum, und beim Lesen eines Beziehungs-Ratgebers fehlt der persönliche Kontakt vollständig. Trotzdem sind diese hier angeführten Formen der Hilfe des einen Menschen für einen anderen Menschen alle durchaus eine ernstzunehmende Unterstützung.

Man kann sich auch fragen, ob der betrachtete soziale Beruf einfach nur pflegend ist, also ob die Krankenschwester dem Patienten einen Verband anlegt, wobei der Patient vollkommen passiv ist; oder ob der betrachtete soziale Berufe eine Hilfe im Sinne eines helfenden Austausches ist wie z.B. bei der Berufsberatung, die ja (idealerweise) eine gemeinsame Suche nach dem passenden Beruf des Jugendlichen oder des Arbeitslosen ist.

Der Unterschied zwischen der Pflege und der Hilfe besteht zumindest in der vorliegenden Betrachtung darin, daß ein Mensch bei der Pflege vollkommen passiv eine Unterstützung erhält, während er bei der Hilfe aktiv mitwirkt und diese Form der Unterstützung ohne seine Mithilfe auch gar nicht möglich wäre. Die Krankenschwester gibt eine Hilfe – der Berufsberater gibt eine Hilfe zur Selbsthilfe.

33

Das sind sowohl für den Gebenden als für den Empfangenden zwei vollständig unterschiedliche Situationen.

Bei der Dienstleistung kann die Situation noch einmal anders sein. Der Empfangende muß nicht unbedingt hilfsbedürftig sein, sondern gibt einfach eine Arbeit ab – an eine Putzfrau, an einen Chauffeur, an ein Kindermädchen, an einen Steuerberater usw.

<u>zu wenig Hilfe</u>

Ob es zu wenig Hilfe oder genug Hilfe gibt, hängt sehr von der eigenen Weltanschauung und nicht zuletzt auch von der eigenen Situation ab. Diese Frage wird von einen gesunden Millionär in der Regel anders beantwortet werden als von einem kranken Obdachlosen.

Die Antwort auf diese Frage ergibt sich aus den eigenen Idealen, aus der eigenen Ansicht darüber, wie es einem selber und der Menschheit am besten ergehen wird – und auch davon, von welchen Mißständen und Problemen man selber betroffen ist.

Um für dieses Thema ein besseres Gespür zu erhalten, kann man sich auch anschauen, wie ausgeprägt das soziale Bewußtsein in den verschiedenen Kulturen ist oder wie groß der Anteil der Dienstleistungen an den gesamten Berufen in einem Land ist.

Das soziale Bewußtsein ist in Dorfgemeinschaften und in Kulturen, die in Stämmen organisiert sind, am größten. Das liegt allerdings auch ganz einfach daran, daß sich in einem Dorf oder in einem Stamm so gut wie alle kennen und sich dort daher viel einfacher ein Gemeinschaftsgefühl entwickeln kann. Eine ganze Stadt oder ein Land oder gar die gesamte Menschheit sind wesentlich anonymer und abstrakter … und die Instinkte des Menschen sind auf die Gemeinschaft ausgelegt, in der jeder jeden kennt. Das, was darüber hinausgeht, verliert sehr schnell an Wichtigkeit und kann kaum noch Betroffenheit auslösen.

Der Anteil der Dienstleistung in verschiedenen Zivilisationen steigt mit dem Grad des Wohlstandes. Auf Platz 1 steht Hongkong mit 92,7% Dienstleistungs-Anteil am Bruttosozialprodukt (BSP); auf Platz 10 liegt Großbritannien mit 80,2%, auf Platz 20 liegt Spanien mit 74,1%, auf Platz 30 liegt Kuba mit 72,2%, auf Platz 40 liegt Japan mit 70,0%, auf Platz 50 liegt Litauen mit 68,0%, auf Platz 100 liegt Bangladesch mit 56,5%, auf Platz 150 liegt Äquatorialguinea mit 43,3%, den geringsten Anteil hat auf Platz 193 Angola mit 28,4%. Deutschland findet sich auf Platz 46 mit 69,1% wieder. Der durchschnittliche Anteil der Dienstleistungen am BSP beträgt weltweit etwas über 60%, also knapp 2/3 des gesamten BSP.

Der Anteil der Dienstleistungen am BSP läßt sich natürlich nicht direkt mit dem Maß an sozialem Zusammenhalt gleichsetzen, da ja auch in einer Monarchie oder in einer Diktatur ein hohes Maß an Dienstleistungen vorhanden sein kann. Aber da die

34

Dienstleistungen zu einem großen Teil „beruflich erbrachte Hilfeleistungen für andere Menschen" sind, läßt sich an dem hohen Anteil der Dienstleistungen am BSP zumindestens die große Wichtigkeit dieser „sozialen Tätigkeiten" und somit auch der sozialen Berufe erkennen.

zu viel Hilfe

Zuviel Hilfe? Wohl kaum … Zu viel sozialer Zusammenhalt? Auch nicht … Zu viele Dienstleistungen? Eigentlich auch nicht …

Doch wenn man schaut, wer sich viele soziale Dienstleistungen leisten kann, dann wird man feststellen, daß jemand der reich ist, sich ganz andere soziale Hilfen und auch allgemeine Dienstleistungen leisten kann, als ein Obdachloser, der froh ist, wenn er einen Platz im Obdachlosenheim erhält.

das rechte Maß

Das vorige Kapitel führt sofort zu der Frage nach dem rechten Maß, die hier offenbar eine Frage der Verteilung ist. Soll die Hilfe zu dem kommen, der das meiste Geld hat und der diese Dienstleistung daher am einfachsten bezahlen kann? Oder soll die Hilfe zu dem gelangen, der sie am dringendsten benötigt?

Die Antwort darauf hängt wieder von der Weltanschauung ab. Von einem liberalen Standpunkt aus soll sich jeder das leisten können, was er bezahlen kann. Von einem sozialen Standpunkt aus sollte die Hilfe jedoch vorrangig an die gegeben werden, die sie am dringendsten brauchen.

Auch hier ist das rechte Maß wieder nichts, was man ein für alle Male eindeutig und unzweifelhaft festlegen kann, sondern es ist etwas, das ständig neu ausgehandelt und neu festgelegt werden muß. Das liegt einfach dran, daß sich die beteiligten Menschen ständig ändern und auch daran, daß sich die Lebenssituationen und die allgemeine Lage der Menschen auf der Erde ständig verändert.

Zudem kommen immer wieder neue Aufgaben hinzu, um die sich zuvor niemand oder fast niemand gekümmert hat wie z.B. die Überbevölkerung und der Umweltschutz, insbesondere der Klimawandel. Diese Themen haben massive soziale Folgen und sind daher auch ein Thema der sozialen Berufe – insbesondere der Politiker. Diese Themen erfordern die bei den sozialen Berufen allgemein notwendige Einsicht in Zusammenhänge und auch eine große Weitsicht in Bezug auf die möglichen Entwicklungen. Leider streben die meisten Politiker vor allem erst einmal danach, gewählt bzw. wiedergewählt zu werden statt sich um die dringendsten Probleme zu kümmern, deren Lösungen möglicherweise unangenehme Maßnahmen erfordern, die ihre Wiederwahl gefährden könnten.

Durch diese Situation ergeben sich ganz neue soziale „Berufe" wie der des Klima-Aktivisten, der global aktiv ist …

Berufe

Zu den Hilfeleistenden zählen letztlich fast alle sozialen Berufe. Im engeren Sinne gehören zu ihnen jedoch die Pädagogen, die Elementarpädagogen, die Jugendpädagogen, die Berufsberater, die Arbeitserzieher, die Sozialmanager, die Sozialberater, die Sozialarbeiter und die Sozialassistenten, der Sozialpädagoge und die Sozialpädagogischen Assistenten und allgemein die Assistenten im Sozialwesen.

Doch – wie bereits gesagt – gibt es kaum einen sozialen Beruf, der nicht auch in dieser Kategorie gehört, denn fast alle sozialen Berufe benutzen auch das „helfende Gespräch", in dem man dem Hilfesuchenden auf Augenhöhe begegnet und mit ihnen zusammen nach einer Lösung vor das vorliegende Problem sucht.

8. Krisen

♏

das Prinzip

In Krisen brauchen fast alle Menschen sachkundige Hilfe und Unterstützung. Besonders offensichtlich ist das bei der Notfallmedizin von der Ersten Hilfe bis hin zum Krankenwagenfahrer. Auch die Feuerwehr und die Polizei sowie das Technische Hilfswerk gehören zu diesen Notfall-Berufen.

Weniger dramatisch ist die Arbeit der meisten Ärzte (klassische Medizin) und der Heiler (alternative Medizin). Hier findet sich eine sehr große Vielfalt an Spezialisten.

Die Arbeit in dem gesamten psychologischen Bereich kann sowohl akut und dramatisch sein als auch sehr langwierig und mühsam.

Mit den untersten Schichten der Gesellschaft und deren Not haben diejenigen zu tun, die in den Frauenhäusern, in den Drogenzentren und in den Obdachlosenheimen arbeiten oder die als Streetworker tätig sind.

Im großen Stil kümmern sich die Friedensforscher und die Diplomaten um die Bewältigung von Krisen.

Schließlich gibt es noch die Betreuer, die eine weitgefächerte Aufgaben-Paletten haben, sowie die Prostituierten und die Steuerfahnder, die sich um zwei grundverschiedene Probleme kümmern.

Die medizinischen Probleme können jeden Menschen treffen – die psychischen Problemen ebenfalls. Die sozialen Probleme finden sich hingegen vor allem in der Unterschicht und teilweise auch in der Mittelschicht, doch sie kommen auch in der Oberschicht vor. Die Prostituierten werden von allen Schichten aufgesucht, während sich die Steuerfahnder vor allem um die Oberschicht kümmern, bei der sich das Aufdecken von Steuerhinterziehungen am meisten lohnt. Auch die Kriege betreffen alle Schichten.

zu wenig Krisenhilfe

In Deutschland gibt es eine gut funktionierende Notfallmedizin – hier besteht also einmal kein Mangel bei einem sozialen Beruf. Das liegt vermutlich daran, daß solch ein Notfall jeden treffen kann und daher alle dafür sind, daß es eine gut ausgebaute Notfallmedizin gibt. Hier gibt es in Deutschland kein „zu wenig".

Auch bei den Ärzten ist die Situation in Deutschland auf jeden Fall verglichen mit vielen ärmeren Länder in einem guten Zustand. Hier gibt es ebenfalls kein „zu

37

wenig".

Was die Heilung der Psyche angeht, sind in den letzten vierzig Jahren (1985-2025) sehr große Fortschritte gemacht worden – vor allem was die gesellschaftliche Akzeptanz der Behandlung von psychischen Problemen angeht, aber auch in Hinblick auf die Psychopharmaka. Man wird nicht mehr wie früher von allen als „irre" angesehen, wenn man einmal bei einem Psychologen gewesen ist. Allerdings sind die psychologischen Methoden durchaus noch ausbaufähig. Hier könnte man von einem geringfügigen „zu wenig" sprechen – vor allem weil die Wartezeiten bei Psychologen oft extrem lang sind und die Methoden noch verbessert werden können.

Ein spezielles psychisches Problem ist die Einsamkeit. Hier fehlt es sowohl an konkreter Hilfe als auch an Konzepten. Einsamkeit entsteht durch einen Mangel an sozialem Zusammenhalt, der in der westlichen Zivilisation ja überall beobachtet werden kann. Die Dorfgemeinschaft ist in Sippen zerfallen, die Sippen sind in Familien zerfallen, die Familien sind in Einzel-Individuen zerfallen …

Um die Größe und Dringlichkeit dieses Problems zu verdeutlichen: In Deutschland fühlen sich 51% der 18 bis 35-Jährigen einsam – in Frankreich sind es sogar 63%. Hier besteht ein dringender Handlungsbedarf, also ein „zu wenig".

Auch bei der Sexualität sieht es übel aus: In Deutschland werden 14% aller Mädchen und Frauen mißbraucht – wobei die Dunkelziffer um ein Mehrfaches größer sein wird, da nur wenige Mißbrauchsfälle tatsächlich angezeigt werden. In Afrika liegt die Mißbrauchsquote bei 22%. Dabei ist es keineswegs so, daß nur Frauen unter sexuellem Mißbrauch leiden: Bei jedem achten Mädchen wird ein Mißbrauch angezeigt, aber auch bei jedem elften Jungen. Mißbrauch ist also kein reines Frauen-Problem. Hier gibt es ganz offensichtlich ein „zu wenig" an Schutz und auch an Konzepten, wie der sexuelle Mißbrauch generell verhindert werden kann – am besten durch eine Lebens- und Beziehungsform, die ganz allgemein ein sexuell erfülltes Leben deutlich einfacher macht als das heute allgemein üblich ist.

Ob man die Prostitution zu den sozialen Problemen hinzurechnet oder nicht, ist weitgehend eine Ansichtssache. Schließlich arbeiten nicht alle Prostituierten unter Zwang – obwohl der Frauenhandel und die Zuhälterei durchaus ein großes Problem sind. Im Wesentlichen regelt sich die Prostitution über Angebot und Nachfrage – und es besteht ein offensichtlicher weitverbreiteter Mangel an erfüllter Sexualität. Das Schaffen der allgemeinen Möglichkeit, ein erfüllteres Sexualleben zu führen, würden die Prostitution am effektivsten auflösen …

Die Kriege sind das Gegenextrem zu einem sozialen Verhalten, weshalb der Soldat das Gegenstück zu einem sozialen Beruf im üblichen Sinne ist. Hier besteht ein sehr krasses „zu wenig" an Strategien, die alle Kriege effektiv vermeiden könnten.

Die Klimaerwärmung, die immer weitere Verbreitung von Mikroplastik, der mit großer Geschwindigkeit fortschreitende Artenschwund und ähnliches erfordern ganz neue soziale Berufe, die derzeit noch in den Anfängen stecken.

Auch in der wissenschaftlichen Forschung gibt es bisweilen einen Mangel an sozial sinnvollem Verhalten. So haben haben die Physiker Robert Oppenheimer, Richard Feynman, Enrico Fermi und ihre Kollegen 1945 die erste Atombombe gebaut und sie auch gezündet – obwohl sie nicht wußten, ob die große Hitze der Atombombe die gesamte Atmosphäre entzünden und dadurch das ganze Leben auf der Erde mit einem Schlag vernichten würde. Da gab es eindeutig viel zu wenig soziales Verantwortungsgefühl. Sie haben damals in Los Alamos den kollektiven Selbstmord der Menschheit riskiert …

zu viel Krisenhilfe

Zu viel Krisenhilfe ist bisher noch nicht vorgekommen, während man nach zu wenig Krisenhilfe nicht lange suchen muß – vor allem in Afrika.

das rechte Maß

Das rechte Maß ist in diesem Fall ganz einfach ein allgemeiner, weltweiter Ausbau der Krisenhilfe – insbesondere in den ärmeren Ländern, in denen die medizinische, psychologische, soziale, finanzielle und technische Hilfe in Notsituationen oft sehr mangelhaft bis gar nicht vorhanden ist. Einmal ganz davon abgesehen, daß es noch immer an vielen Orten an ausreichend Nahrungsmitteln und Trinkwasser mangelt …

Berufe

Man kann die sozialen Berufe, die sich um Krisen kümmern, in vier Bereiche einteilen: Hilfe, die sich auf den Körper, auf die Psyche, auf die soziale Lage und auf die allgemeine Situation bezieht.

1. Körper

Hier gibt es zunächst die Helfer in akuter Not. Das sind Rettungssanitäter, die Ambulanz, die Krankenwagen-Fahrer, die Notfall-Ärzte im Krankenhaus, die Feuerwehr, die Polizei und das Technische Hilfswerk sowie alle Beschäftigten in Frühwarnsystemen.

Den größten Bereich machen die Krankheits-Helfer aus: der Arzt und der Arzthelfer, der Facharzt, der Augenarzt und der Optiker, der Hals/Nasen/Ohren-Arzt, der Zahnarzt und der zahnmedizinische Fachangestellte (Zahnarzthelfer), der Gynäkologe, der Kinderarzt, der Radiologe und der Radiologieassistent, der Anästhesist und der anästhesietechnische Assistent, der Chirurg und der operationstechnische Assistent, der medizinische Fachangestellte, der Laboratoriumsassistent und der pharmazeutisch-technische Assistent, und schließlich noch der medizinische Dokumentationsassistent. Das sind wie auch in allen vorigen Kapiteln natürlich nur einige Beispiele und nicht alle sozialen Berufen, die zu den jeweiligen Gruppen gehören.

Die nächste Gruppe von sozialen „Krisen-Berufen" sind die Heiler, die die alternative Medizin ausüben. Zu ihnen zählen z.B. der Heilpraktiker, der Homöopath, der Akupunkteur und die Heileurythmistin.

Um die langfristigen körperlichen Leiden kümmern sich der Physiotherapeut, der Ergotherapeut, der Motopäde, der Masseur, der medizinische Bademeister, der Ernährungsberater, der Diätassistent, der Atemtherapeut, der Stimmlehrer und der Logopäde. Für die Linderung der unheilbaren körperlichen Leiden und die Hilfe für die dadurch bedingten Probleme sind die Mitarbeiter in den Behinderten-Wohnheimen zuständig.

2. Psyche

Die Aufgabe der Heilung oder zumindestens Linderung von psychischen Problemen liegt in den Händen der Psychologen, der Psychotherapeuten, der Psychiater, der allgemeinen Therapeuten, der Psychiatrie-Mitarbeiter, der Kunsttherapeuten und auch der Sozialarbeiter.

3. Gemeinschaft

Hier findet sich zunächst einmal die Hilfe bei akuter sozialer Not, zu der vor allem die Frauenhaus-Mitarbeiter zählen.

Um die eher langfristigen sozialen Nöte der Menschen kümmern sich die Streetworker, die Sozialarbeiter, die Drogenberater, das Jugendamt, die Mitarbeiter in den Obdachlosen-Unterkünften, die Wohnheim-Mitarbeiter (betreutes Wohnen u.ä.), die Kinderdorfmütter (Waisenheim), die Jugenderzieher und die Heimerzieher.

Daneben gibt es auch verschiedene Tätigkeiten in der sozialen Prävention: den Sozialarbeiter und den Sozialassistent, den Sozialpädagogen und den sozialpädagogischen Assistenten, den Förderlehrer, den Berufspädagogen und noch etliche andere.

Es gibt auch soziale Berufe, die die Vermeidung von Krisen anstreben. Dazu zählen die Diplomaten, die „Aggression-Therapeuten", die Lehrer für gewaltfreie Kommunikation und die Friedensforscher.

4. Allgemein

Hier finden sich recht verschiedene Berufe. Zu ihnen zählen z.B. der Betreuer und der Betreuungsassistent, die die verschiedensten Aufgaben haben.

Man kann auch die Prostituierten und die Callboys zu den sozialen Berufen zählen, da sie sich um andere Menschen kümmern und deren sexuelle Not lindern.

Schließlich gibt es auch noch die Berufe, die sich um die Vermeidung der finanziellen Schädigung der Gemeinschaft kümmern: Das sind die Betriebsprüfer und vor allem die Steuerfahnder.

9. Förderung

das Prinzip

Die Krisenbewältigung beginnt im Negativ-Bereich und will den Betreffenden bis auf das Normal-Null-Niveau bringen – das Prinzip der Förderung setzt bei dem Normal-Null-Niveau an und will es in den Plus-Bereich bringen. Die Förderung hat viele Ähnlichkeiten mit dem 5. Bereich der sozialen Berufe, also mit den Berufen, die sich mit der Selbsterkenntnis und dem Selbstausdruck befassen.

Hier im 9. Bereich geht es jedoch zum einen nicht mehr so sehr um die Selbsterkenntnis wie im 5. Bereich, sondern vor allem um das Erreichen des idealen Zustandes. Die grundlegenden Probleme sind bereits gelöst worden und nun wird darauf aufgebaut. Zum anderen geht es hier nicht mehr nur um das individuelle Ideal – also um den ungehinderten Selbstausdruck wie im 5. Bereich – sondern um den Idealzustand sowohl von Einzelnen als auch von Gemeinschaften.

Die Berufe, deren Vertreter dabei helfen, sind weitgehend dieselben wie im 5. Bereich, also der Berater, der Coach, der Trainer, der Tanztherapeut, der Kunsttherapeut, der Musiktherapeut und vor allem auch der Psychologe. Hier findet sich auch jede Form der Fortbildung und die Anleitung durch externe Berater und alle Arten von Spezialisten.

Doch der wesentliche Punkt ist das eigene Streben nach dem Idealzustand, denn ohne dieses eigene Streben können alle Berater der Welt nicht viel erreichen. Man kann von außen her einem Menschen nur bei dem helfen, was er bereits will, aber man kann ihn nicht dazu bringen, zu wollen.

zu wenig Förderung

Dieser Förder-Bereich ist kaum als sozialer Beruf entwickelt, da sich die sozialen Berufen vor allem damit befassen, die negativen Zustände auf ein Normal-Null-Niveau (NNN) zu bringen – oder auf den Durchschnitt oder zumindest auf ein Existenzminimum. Die Verbesserung des Zustandes über das NNN hinaus beruht jedoch weitgehend auf der Eigeninitiative.

Das kann auch kaum anders sein, da die Gemeinschaft optimalerweise danach strebt, jedes Mitglied auf das NNN zu bringen, damit es nicht leiden muß. Das Sozial-Engagement der Gemeinschaft beschränkt sich weitgehend auf das Vermeiden von

Leid, aber es strebt nicht das Erreichen von Lust, Freude und Glück an – das ist etwas, was jeder selber leisten muß. Die sozialen Berufen versuchen ja auch nicht, diejenigen, denen sie helfen, auf ein besseres Niveau zu bringen als das, auf dem sie selber sind.

zu viel Förderung

Wie die bisherige Betrachtung zeigt, gibt es in diesem Bereich kein „zu viel", sondern eben nur die Not-Versorgung, also das Lindern von Leid.

Es existieren zwar Philosophen, Sektengründer, Weisheitslehrer und dergleichen mehr, die durchaus nicht nur das Vermieden von Leid, sondern auch das Erreichen von Glück als Ziel haben, doch das wird von der Gemeinschaft so gut wie nie unterstützt und oft sogar mit großem Mißtrauen betrachtet, da diese „Verkünder von neuem Wissen, neuen Wahrheiten und neuen Wegen" die bestehende Ordnung zu verändern drohen – was nun mal kaum eine Gemeinschaft freiwillig unterstützen wird. Bestehende Gemeinschaften neigen dazu, das bleiben zu wollen, was sie sind – daher helfen sie ihren Mitgliedern bestenfalls vom negativen Bereich bis zum neutralen NNN.

das rechte Maß

Darüber, was das rechte Maß ist, besteht bei diesem Thema naturgemäß wieder eine große Uneinigkeit. So wissen z.B. fast alle einerseits, daß es dringend notwendig ist, etwas gegen die Klimaerwärmung zu tun und Greta Thunberg ist sogar schon einmal zu einer UNO-Versammlung eingeladen worden um dort zu sprechen, aber andererseits weigern sich die allermeisten Länder noch immer, die nötigen Maßnahmen mit der nötigen Gründlichkeit zu ergreifen.

Das Erreichen von Zielen hängt generell davon ab, wie überzeugt die Menschen von diesem Ziel sind – und ob ihnen andere Dinge möglicherweise gerade wichtiger sind.

Was den Menschen wichtig ist, hängt wiederum vor allem von der Weitsicht der Menschen und auch von ihrem Begreifen von Zusammenhängen und Folgen ab:

Können sie erkennen, daß das Verhindern des Klimawandels heute sehr viel weniger kostet und sehr viel weniger Mühe macht und sehr viel weniger Umstellungen bedeutet als der Klimawandel, wenn er ungehindert weiterläuft, an zukünftigen Kosten, Mühen und Umstellungen mit sich bringen wird?

Können sie erkennen, wohin die Bevölkerungsexplosion führen wird? Können sie sehen, wie wesentlich das Zurückschrumpfen der Bevölkerung auf ein bis zwei Milliarden Menschen ist? Können sie die Folgen der Überbevölkerung erkennen?

Können die Menschen erkennen, was der ideale Zustand für sie selber, für ihre

Gemeinschaft und für die Menschheit als Ganzes sein könnte? Und setzen sie sich dann für das Erreichen dieses Idealzustandes ein?

Können die Menschen Visionen ihrer Zukunft entwerfen und die Verwirklichung dieser Zukunft anstreben? Oder leben sie ganz in der Gegenwart und kümmern sie sich nicht um die kurzfristigen Folgen ihres Handelns – von den mittelfristigen und langfristigen Folgen einmal ganz zu schweigen? Oder können sie wie Erwachsene die gesamten Folgen ihres Handelns überschauen und verhalten sie sich daher auch dementsprechend?

Können die Menschen überhaupt weiter als bis zu dem neutralen NNN hinauf sehen? Oder können sie überhaupt eine Vorstellungen von einem positiven, guten Zustand oberhalb des NNN entwickeln? Meistens kümmern sich die Menschen nur um das, was gerade schmerzt, aber versuchen nicht zu erkennen, wie es noch besser sein könnte.

Das rechte Maß der Förderung – und vor allem die Art und Richtung dieser Förderung – hängt sehr stark mit dem zusammen, was der Betreffende als seinen Lebenssinn erlebt:

- die freie Spontanität des Widders,
- das gesicherte Genießen des Stiers,
- die fröhliche Neugier des Zwillings,
- der innige Kontakt des Krebses,
- der strahlende Selbstausdruck des Löwen,
- die systematische Ordnung der Jungfrau,
- die umfassende Harmonie der Waage,
- die lustvolle Steigerung des Skorpions,
- der zielgerichtete Idealismus des Schützen,
- die solide Beständigkeit des Steinbocks,
- die weltverändernde Utopie des Wassermanns, und
- die allgemeine Teilnahme des Fisches.

Jeder dieser zwölf Stile strebt ein anderes Ideal an – und er strebt es auch auf eine andere Weise an. Doch diese zwölf Stile ergeben gemeinsam etwas Vollständiges, Rundes, so wie die zwölf Kapitel in dieser Buchreihe, die den zwölf Tierkreiszeichen entsprechen, auch jeweils etwas Rundes, Ganzes ergeben sollen.

Berufe

Die Berufe, die hier in Frage kommen, sind alle schon genannt worden: der Berater, der Coach, der Trainer, der Tanztherapeut, der Kunsttherapeut, der Musiktherapeut, der Psychologe und alle Arten von Spezialisten. Auch der Berufsberater, der Jobcenter-Angestellte, der Sozialarbeiter im Jugendamt und viele andere können zu diesen Berufen zählen.

43

Es hängt allerdings sehr von dem jeweiligen Menschen ab, wie sehr er sich bei dem Menschen, dem er hilft, nicht nur um den Weg vom negativen Zustand zum neutralen NNN, sondern auch um den weiteren Weg vom NNN zum positiven Zustand kümmert.

Die sozialen Berufe, die dem Einzelnen helfen könnten, den eigenen Idealzustand zu erreichen und auch den Idealzustand der Gemeinschaft, zu der sie gehören, stecken allerdings noch alle in den Anfängen. Es gibt natürlich die verschiedenen Weisheitslehren, doch eine umfassende Weisheit, die zumindestens der Großteil der Menschen in der westlichen Zivilisation zustimmen könnten und der sie daher auch folgen würden, gibt es bislang noch nicht. Daher sind die Ideale bisher noch weitgehend suchende Einzelprojekte und noch kein kreativer Gesamt-Impuls.

10. Bewahrung

VȢ

<u>das Prinzip</u>

Die sozialen Berufe haben das Ziel, ein Mindestmaß an Wohlstand und Wohlergehen für alle zu erreiche, d.h. in den meisten Fällen für das gesundheitliche und finanzielle Existenzminimum zu sorgen. Das psychische Existenzminimum – wenn man die grundlegende psychische Gesundheit einmal so nennen darf – gehört allerdings im Allgemeinen noch nicht zu diesem durch die sozialen Berufe für alle abgesicherten Mindestmaß an sozialer Hilfe. Bei der sozialen Pflege gehört sie hingegen dazu: Waisenheime, Behindertenheime, Psychiatrie u.ä.

Die Tätigkeit der sozialen Berufe geht in vielen Fällen noch über das Erreichen dieses Mindestmaßes an Unterstützung durch die Gemeinschaft hinaus – allerdings nur dann, wenn sich die Betreffenden in gesicherten Verhältnissen leben und ihre Krankenversicherung u.ä. gezahlt haben.

Die dritte Tätigkeit der sozialen Berufe, die auch noch dringend notwendig wäre, existiert hingegen fast noch gar nicht: Es gibt noch keine wirklich effektiven sozialen Einrichtungen, die die Umweltzerstörung, die Klimaerwärmung, die Überbevölkerung, die Kriege und ähnliche kollektive Bedrohungen verhindern. Der bisher weitgehendste Ansatz ist die UNO mit ihren Unterorganisationen wie z.B. der WHO, aber auch einige NGOs wie z.B. das Rote Kreuz, Greenpeace und die SHA („Swiss Health Alliance"). Daneben gibt es aber auch noch lose Zusammenschlüsse mit kollektiven Zielen wie „Fridays for Future".

Man kann diese drei Bereiche der sozialen Berufe als die Erhaltung und Bewahrung

  1. des Existenzminimums von allen,
  2. des jeweils erreichten Lebensstandards und
  3. der Bewohnbarkeit des Planeten Erde beschreiben.

Nun sind diese drei Ziele – wie fast alle Ziele – auch immer eine Frage des Geldes. Wie wird das Erreichen dieser Ziele finanziert? Werden diese Ziele als notwendig erkannt? Werden diese Ziele als vorrangig erkannt? Sind die Menschen bereit, für das Erreichen dieser Ziele auf anderes zu verzichten? Und sehen sie, daß die Kosten für die Verhinderung der Klimaerwärmung (z.B. Solarstrom) deutlich niedriger sind als die Kosten, die die Klimaerwärmung selber verursachen würde (z.B. Dürren, Stürme, Überschwemmungen)? Und letztlich: Wann wird allen – und vor allem auch den Mächtigen – klar sein, daß die Kosten von Kriegen so hoch sind, daß sie schlichtweg unrentabel sind?

Die sozialen Berufe – vor allem deren kollektiver Aspekt, der die Erhaltung der Bewohnbarkeit der Erde zum Ziel hat – sind wie schon gesagt auch eine Frage des Geldes und somit auch eine Frage der Macht. Das bedeutet, daß die Erhaltung der Bewohnbarkeit der Erde dann massiv vorangetrieben werden wird, wenn das Geld und die Macht der Reichen und Mächtigen bedroht wird – z.B. durch die drohende Überflutung ihres Landbesitzes in den Küstengebieten, durch die Zerstörung ihres Eigentums durch Wirbelstürme oder durch die Zerstörung von ihnen gehörenden Wäldern durch Waldbrand.

Doch es gibt noch eine weitere Wirkung der Klimaerwärmung, die auch die Reichen und Mächtigen zum Umdenken zwingen könnte: Wenn die Unwetter-bedingen Schäden weiterhin zunehmen – also Überschwemmungen, Waldbrände, Stürme, Dürren u.ä. – dann werden die Versicherungen nicht mehr in der Lage sein, diese Schäden auszugleichen. Die Versicherungen und auch die Rückversicherungen (die Versicherungen der Versicherungen) haben bereits damit begonnen, sich aus bestimmten besonders bedrohten Gebieten zurückzuziehen und jegliche Versicherung in diesen Gebieten abzulehnen.

Das trifft die Reichen und Mächtigen jedoch an ihrem empfindlichsten Punkt: an der Absicherung ihres Eigentums, auf dem ihr Reichtum und ihre Macht beruht. Wenn dieses Eigentum nicht mehr versichert werden kann, ist es ernsthaft gefährdet und die Reichen und Mächtigen müssen befürchten, daß sie ihren Reichtum und ihre Macht verlieren.

Wenn die Versicherungen so viele Gebiete als „unversicherbar" ablehnen, daß sich die Reichen und Mächtigen bedroht fühlen, wird ein großes Engagement für den Klimaschutz entstehen. Das wird sehr spät sein, wenn man überlegt, daß ein rechtzeitiges Umdenken sehr viel geringere Kosten verursacht hätte, aber es wird immerhin ein starker Impuls für Veränderungen sein.

Besser spät als gar nicht …

zu wenig Bestandsschutz

Es gibt ein grundlegendes Problem in unserer Kultur: Das Erschaffen und Prägen ist hoch angesehen, aber nicht das Bewahren und Pflegen – dabei brauchen wir derzeit angesichts der Klimakrise, der Kriege und der Überbevölkerung genau dieses Erhalten, Bewahren, Schützen und Pflegen.

In allen naturnahen Kulturen – also vor allem bei Gemeinschaften, die noch als Stammes-Verband leben – gilt in der eine oder anderen Form, daß nichts getan werden darf, was den nächsten zehn Generationen Schaden zufügen könnten. Bei ihnen findet sich das Erhalten, Bewahren, Schützen und Pflegen als grundlegender

Wert, der den Weiterbestand des Stammes absichert.

Genau an diesen Werten fehlt es jedoch in unserer Kultur. Bei uns wird der eigene Vorteil abgesichert (die Reichen schützen ihr Eigentum), aber nicht das Weiterbestehen der gesamten Gemeinschaft. Das beruht wieder auf dem Problem, daß Menschen nur durch das motiviert werden, was nah und dringend ist – doch die Klimaerwärmung ist langsam, kaum sichtbar und findet oft weit fort durch irgendeine Naturkatastrophe ihren Ausdruck.

In unserer Kultur haben diejenigen, die nur Menschen und Dinge bewahren, erhalten, schützen und pflegen, ein sehr niedriges Ansehen. Wer kann sich schon stolz damit brüsten, eine Kindergärtnerin oder ein Altenpfleger zu sein?

Diejenigen, die hingegen Neues erschaffen, Dinge verwanden, Kriege gewinnen und dergleichen mehr tun, genießen ein hohes Ansehen oder zumindestens eine große Bekanntheit und einen bisweilen etwas zweifelhaften Ruhm.

Die einzigen sozialen Berufe, die ein hohes Ansehen, ein gutes Image und ein gutes Einkommen haben, sind die „Götter in Weiß", also die höhergestellten Ärzte. Allerdings üben diese „Oberärzte" zwar durchaus auch einen sozialen Beruf aus, doch ein Chirurg ist schließlich auch jemand, der etwas verändert und nicht jemand, der jemand anderen pflegt …

Gleichzeitig verdienen die, die einen sozialen Beruf ausüben, sehr wenig, während die, die erfolgreich etwas Neues gründen oder die ihr Einkommen mit der Ausbeutung der Arbeit von anderen verdienen, wie z.B. Börsenspekulanten, sehr viel Geld verdienen können.

Es ist generell so, daß Egoisten mehr als Altruisten verdienen – schließlich raffen sie alles zusammen, was sie kriegen können, während Altruisten das fortgeben, was die anderen dringend brauchen. Reiche wollen ihr Eigentum bewahren.

<u>zu viel Bestandsschutz</u>

Es gibt tatsächlich auch zu viel Bestandschutz in unserer Kultur – aber nur an einer ganz bestimmten Stelle: der Schutz des Eigentums. Dieser Schutz des Eigentums ist gesetzlich vielfältig abgesichert und auch durch das Fehlen einer Vermögensteuer, durch das Erbschaftsrecht und vieles andere mehr geschützt.

Wer reich genug ist, kann sich sogar über Gesetze hinwegsetzen. So können multinationale Konzerne mit Staaten die Bedingungen aushandeln, unter denen sie in dem betreffenden Land investieren. Wenn man reich genug ist, kann man mit Staaten so verhandeln als wenn man selber ein eigenständiger Staat wäre. Das ist bei multinationalen Konzernen natürlich am ausgeprägtesten, aber auch in den mittleren Reichtums-Etagen gibt das Geld schon eine große Macht, die sich teilweise über Gesetze hinwegsetzen kann.

Dieser Schutz des Eigentums sorgt dafür, daß die Reichen reich bleiben – was ja ihr erklärtes Ziel ist. Das ist eine – aus Sicht der Reichen verständliche – anti-soziale Haltung. Natürlich sind nicht alle Reichen nur egoistisch – schließlich gibt es auch Reiche, die Stiftungen unterstützen oder auf verschiedene Weise wohltätig aktiv sind. Doch die Reichen sind im Großen und Ganzen nicht gerade die, die die sozialen Berufe fördern.

Der Grund dafür ist einfach: Sie brauchen die sozialen Berufe nicht. Reiche brauchen keine Krankenversicherung, keinen Mietendeckel, keine Gewerkschaften, keine bezahlbare Kinderbetreuung, keinen Rechtsstaat, keine Polizei, keine Feuerwehr, keinen Naturschutz, keine Rentenversicherung, keine Pflegeversicherung, kein Arbeitsrecht, keine Tarifverträge, keine Moral, keine Meinungsfreiheit – Reiche können alles mit ihrem Geld erreichen. Der Mittelstand kann das nur manchmal und die Ärmeren können das fast gar nicht.

Wenn es nur Freiheit gibt, gilt das Recht des Stärkeren, also Macht – doch dann fehlen Gleichheit und Gerechtigkeit. Und diese Macht, auf der das Recht des Stärkeren beruht, ist in ersten Linie die Absicherung des Eigentums der Reichen.

Dieses Eigentum wird erst dann bedroht, wenn die Klimaerwärmung so weit fortgeschritten ist, daß an zu vielen Orten Häuser, Fabriken, Felder und ähnliches zerstört oder gleich vollständig überschwemmt werden. Dann sehen sich auch die Reichen in ihrem Reichtum bedroht und werden handeln.

Es gibt leider noch einen weiteren Punkt, an dem wir in unserer Kultur ständig auf die Veränderung und Vermehrung bauen statt auf den Schutz des Bestehenden. Unsere Lebensweise ist auf Wirtschaftswachstum aufgerichtet. Es wird nicht angestrebt, den Status Quo zu erhalten, also das Erreichte abzusichern und zu schützen und gerecht zu verteilen, sondern es wird angestrebt, noch mehr zu produzieren, noch mehr zu verdienen und insgesamt das Bruttosozialprodukt (BSP) zu steigern.

Doch ist die ständige Steigerung sinnvoll? Die Steigerung des BSP? Die Steigerung der Bevölkerungszahl? Die Steigerung der Rüstungsausgaben? Die Steigerung der Abholung der Wälder? Die Steigerung der Ausbeutung der Bodenschätze? Die Steigerung des CO_2-Ausstoßes?

Wenn man sich dieses Wachstum um jeden Preis ansieht, das dabei jedoch das Leben auf der Erde durch die Zerstörung der Grundlagen und des lebendigen Zusammenwirkens aller Lebewesen bedroht … Erinnert das nicht an eine Krankheit, mit der viele von uns große Probleme haben? An eine eine Krankheit, an der sehr viele Menschen sterben? Sieht das nicht wie eine kollektive Variante dieser Krankheit aus, die viele Einzelne befällt? Hat dieses Wachstum um jeden Preis und auf Kosten des Weiterlebens des Ganzes nicht genau dieselbe Dynamik wie die Krankheit Krebs?

Offensichtlich müssen die traditionellen sozialen Berufe, die 1. das Existenzminimum des in Not Geratenen und 2. den Wohlstand und das Wohlergehen des Mittelstandes absichern, durch eine 3. Gruppe von sozialen Berufen ergänzt werden, die sich um das Überleben der Menschheit als Ganzer kümmert.

Diese neue Gruppe von sozialen Berufen wird einen engen Bezug sowohl zu der Wissenschaft als auch zu der Politik haben müssen. Diese neue Gruppe von sozialen Berufen wird vor allem die manchmal sehr tiefe Kluft zwischen Wissenschaftlern und Politikern schließen müssen. Das wird nicht einfach werden, denn die Wissenschaftler versuchen zu erkennen, wie etwas ist und wie sich etwas weiterentwickeln wird und stellen das dann möglichst klar und deutlich dar, während die Politiker nach Macht streben und etwas durchsetzen wollen. Daher ist sogar die Sprache der beiden sehr verschieden: Die Wissenschaftler wollen möglichst sachlich sein, während die Politiker vor allem andere von der eigenen Meinung überzeugen wollen.

Für diese 3. Gruppe der sozialen Berufe werden die sozialen Fragen so gut wie immer sowohl wissenschaftliche als auch politische Fragen sein. Diese Gruppe wird so etwas wie Diplomaten zwischen den Wissenschaftlern, den Politikern und der Bevölkerung als Ganzes sein müssen – keine leichte Aufgabe …

Dazu kommt noch ein grundlegendes Problem, daß einst Jethro Tull in dem Song „Thick as a Brick" treffend formuliert hat: „I may make you feel, but I can't make you think." („Vielleicht kann ich Dich fühlen lassen, aber ich kann Dich nicht zum Denken bringen.")

Man kann niemanden zur Einsicht zwingen und man kann daher auch niemanden zu dem sinnvollen Handeln, das auf dieser Einsicht beruht, bringen. Das ist wieder das Problem, daß Menschen im Allgemeinen nur auf das reagieren, was nah bei ihnen ist und sie selber betrifft und das zudem auch noch dringend aussieht … Diese neue, 3. Gruppe von sozialen Berufen muß sich also um den Bereich kümmern, den die Menschen nur allzu gern und allzu oft ausblenden …

Das bedeutet, daß diese 3. Gruppe von sozialen Berufen nicht wie bei der 1. und 2. Gruppe von Menschen aufgesucht wird, die in Not geraten sind, sondern daß diese 3. Gruppe ihrerseits die Menschen aufsuchen muß, die ihre eigene Bedrohung nicht erkennen.

Das wird keine leichte Aufgabe werden, da Menschen nicht gerne von Dingen gestört werden, die ihnen nicht gefallen. Und wer hört schon gerne, daß er seine bisherige Lebensweise ändern muß?

<u>Berufe</u>

Die sozialen Berufe, die das Bestehende erhalten, schützen und pflegen, sind vor allem im öffentlichen Dienst angesiedelt – was natürlich auch für die meisten anderen sozialen Berufe zutrifft, da sie ja zu einem großen Teil von der Gemeinschaft organisiert werden. Zu diesen Berufen, die organisatorisch zu dem Bund, zu den Bundesländern, den Städten, Gemeinden und Kommunen gehören, zählt die gesamte Verwaltung mit Arbeitsvermittlern, Wohngeldämtern, Jugendämtern und vielem mehr, dann der gesamten Bildungsbereich mit den Lehrern, ferner die gesamte Justiz mit den Richtern, Staatsanwälten, Verteidigern, Notaren usw., und nicht zuletzt auch die gesamten Politiker auf der Ebene von Gemeinden, Städten, Länder, Bund und UNO.

Wo die zum größten Teil noch zu gründende 3. Gruppe der sozialen Berufe, die sich um die Erhaltung der Bewohnbarkeit der Rede als Ganzes kümmert, angesiedelt sein wird, ist noch unklar. Einerseits wird sie ein Teil der Verwaltung sein, andererseits sollte sie aber auch Politiker-unabhängig tätig sein können ... was noch eine große Herausforderung sein wird, da Politiker dazu neigen, Tatsachen zu verschweigen, die ihren eigenen Zielen im Weg stehen könnten.

11. Gesellschaft

Die sozialen Berufe werden gesellschaftlich organisiert und sind u.a. ein Ausdruck des Selbstverständnisses der Menschen in dieser Gesellschaft, die sich eben als Gemeinschaft sieht, in der man nicht nur für sich selber, sondern teilweise auch für die anderen bzw. für das Ganze verantwortlich ist. Es gibt in der Gesellschaft also das Fundament eines Gesamtbewußtseins.

Dieses Bewußtsein, das sich auf das Ganze erstreckt, ist ein typisches Merkmal für einen Erwachsenen, der nicht nur sich selber, sondern auch seinen Partner, seine Kinder und teilweise auch noch seine sonstigen Verwandten sieht und in sein Handeln miteinbezieht. Genau dieses Bewußtsein wird derzeit kollektiv benötigt – also ein Erwachsenwerden der Menschheit als Ganzes.

Das läßt sich möglicherweise besser verstehen, wenn man kurz die früheren Epochen betrachtet:

- <u>Evolution bis zum Beginn der Altsteinzeit</u>: Die Tiere einschließlich der Primaten leben weitgehend instinktiv. Das entspricht dem Ungeborenen im Bauch seiner Mutter während der Schwangerschaft.

- <u>Altsteinzeit</u>: Die Menschen leben als Teil der Natur in der Natur in einer Form der halbbewußten Symbiose. Das entspricht dem Baby (oralen Phase), das noch ganz in der Abhängigkeit von seiner Mutter und in ihrer Obhut lebt.

- <u>Jungsteinzeit</u>: Die Menschen beginnen Inseln der Zivilisation und Kultur in dem Meer der Natur zu erreichten, indem sie Dörfer bauen und Ackerbau und Viehzucht betreiben. Das entspricht dem Kleinkind (anale Phase), das zu laufen und zu sprechen lernt und das vor allem das Wort „Nein!" benutzen kann.

- <u>Königtum</u>: Die Menschen organisieren sich in großen Gemeinschaften, die hierarchisch durch einen König mithilfe seiner Verwaltung gelenkt wird. Dies entspricht dem Kind (phallische Phase), das sich selber als eigenständiges Wesen erkennt und nun das Wort „Ich!!!" benutzt.

- <u>Materialismus</u>: Die Menschen erforschen die Natur und erschaffen dabei die Wissenschaft und sie machen sich die Natur durch Erfindungen und Industrialisierung untertan. Das entspricht dem Jugendlichen (genitale Phase), der seine Kräfte erprobt, die Welt entdeckt und erforscht und in dem seine

Sexualität erwacht.

- <u>Globalisierung</u>: Die Menschen haben so viel Macht erlangt, daß sie die gesamte Menschheit vernichten und die Erde unbewohnbar machen könnten – am schnellsten durch die Atombomben. Idealerweise erkennen sie jedoch ihre Grenzen und erhalten das Leben auf der Erde – und sich selber. Das entspricht dem Erwachsenen („adulte Phase"), der eine eigene Familie gründet und die Verantwortung für diese Familie übernimmt.

Dieses Erwachsenwerden der Menschheit besteht vor allem darin, daß es vorausschauend erkennt, welche ihrer Handlungen welche Wirkungen haben und die daher Verhaltensweisen entwickelt, die die Weiterexistenz der Menschen auf der Erde absichern.

<u>zu wenig Solidarität</u>

Dieser „Blick auf das Ganze" führt u.a. auch zu einer Solidarität mit allen, die auf der Erde in Not sind, und folglich zu einem verantwortungsvollen Verhalten.

Solche Einsichten beginnen zwar allmählich zu entstehen, aber sie sind bei weitem noch nicht so einflußreich geworden, daß sie mit Gewißheit das Überleben der Menschen auf der Erde sicherstellen könnten.

<u>zu viel Solidarität</u>

Von zu viel Solidarität oder gar von zu viel Einsicht oder zu viel Engagement kann bisher nicht die Rede sein. Es ist nicht aussichtslos, da es ja durchaus Ansätze zu einem umfassenden sozialen Verhalten gibt – wenn man das erwachsene Verhalten einmal als „sozial" bezeichnen will – aber zur Lösung der anstehenden Probleme wie Hunger, Klimaerwärmung, Artensterben, Kriege und dergleichen mehr reicht dieses Maß an Gesamtbewußtsein bisher noch nicht aus.

<u>das rechte Maß</u>

Wir sind als Menschheit noch nicht so weit, daß wir das rechte Maß an Gesamtbewußtsein erreicht haben. Auch die „3. Gruppe der sozialen Berufe" ist derzeit bestenfalls gerade mal am Entstehen.

Das rechte Maß wird auf jeden Fall von einem Bewußtsein ausgehen, das sich als Teil des Ganzen begreift. Das bedeutet zum einen, das der Einzelne in Verantwortung das Ganze mitträgt, und zum anderen, daß das Ganze den Einzelnen mitträgt, der daher dem Ganzen vertrauen kann. Daher werden „Vertrauen" und „Verantwortung" die beiden Schlüsselbegriffe für die „3. Gruppe der sozialen Berufe" sein und sie werden auch die Merkmale für das Verhalten der Menschen in der Phase der Globalisierung sein, wenn diese Phase sich vollständig etabliert haben wird, d.h. wenn sie eine reife und funktionsfähige Form gefunden haben wird. Es ist nicht verwunderlich, daß diese Erwachsenen-Phase der Menschheit noch in den Kinderschuhen steckt, da sie ja erst mit dem Ende des 2. Weltkrieges begonnen hat – doch viel Zeit haben wir nicht mehr, um kollektiv erwachsen zu werden …

Wenn die Zivilisation der Menschheit auf Verantwortung und Vertrauen aufgebaut sein wird, wird wird man sagen können, daß die Menschheit endlich kollektiv von der Pubertät des Materialismus und Kapitalismus zu einem Erwachsensein übergegangen sein wird.

Berufe

Die „sozialen Berufe der 3. Gruppe" sind derzeit erst am Entstehen. Sie bestehen bisher vor allem aus ehrenamtlichen Tätigkeiten, Vereinen, Bürgerinitiativen, NGOs, der UNO und ähnlichen Formen, die alle das Gemeinwohl bzw. das Erhalten des Gemeinwohls zum Ziel haben.

12. Gedeihen

H

<u>das Prinzip</u>

Wenn man sich gegenseitig hilft, wird das Leben einfacher … Das ist das schlichte Prinzip, auf dem letztlich auch die ganzen sozialen Berufe beruhen. Die sozialen Berufe sind im Grunde Nachbarschaftshilfe oder Nächstenliebe, die eine öffentlich festgelegte und auch öffentlich sichtbare und für den Einzelnen erreichbare Form erhalten hat.

Die sozialen Berufe sind also nur die „Spitze eines Eisberges", der viel größer ist und der viele kleine Taten im Alltag umfaßt – vom Wickeln des eigenen Kindes über die Hilfe bei den Hausaufgaben, wenn das Kind zur Schule geht bis hin zu dem Einkaufen für den alten Nachbarn, der keine schwere Dinge mehr tragen kann.

Die sozialen Berufe sind die öffentlich verankerte Form eines Verhaltens, das für Menschen ganz normal ist. Diese Ausweitung dieses „normalen Sozialverhaltens" zu einem „öffentlich geregelten Sozialverhalten" ist dadurch notwendig geworden, daß es so viele Menschen gibt und sie in so großen Gemeinschaften zusammenleben, daß die instinktive Hilfe für andere nicht mehr ausreicht.

Während die Hilfe für die Bedürftigen in der direkten Nachbarschaft noch in weiten Bereichen üblich ist und sie sogar den Begriff „Nachbarschaftshilfe" hervorgebracht hat, ist die Hilfe für Bettler in der eigenen Stadt, die früher mal selbstverständlich gewesen ist (als es noch kein öffentliches Sozialsystem gab) bereits deutlich zurückgegangen – und die soziale Hilfe, die die Menschheit als Ganzes braucht (Klimaerwärmung, Kriege u.ä.) hat sich noch gar nicht richtig ausbilden können.

Die öffentliche Form der gegenseitige Hilfe in der Familie und der Nachbarschaftshilfe ist dadurch notwendig geworden, daß die Instinkte nur dann wirksam und in ausreichendem Maße funktionieren, wenn der Leidtragende einem nah verwandt ist oder wenn man ihn zumindest direkt vor sich sieht. Da dies oft nicht der Fall ist wie z.B. bei Hungernden in Afrika, fehlt die Hilfe oft da, wo sie am nötigsten gebraucht wird – und es verhungern nach wie vor jeden Tag 24.000 Menschen auf der Erde …

Das soziale Verhalten und somit auch die sozialen Berufe beruhen letztlich auf einem Zusammengehörigkeitsgefühl, also auf einem Gemeinschaftsgefühl. Diese Verbundenheit mit den anderen der eigenen Gruppe hat sich jedoch in der westlichen Zivilisation immer mehr aufgelöst. Das hat eine heftige Auswirkung, auf die schon in einem früheren Kapitel hingewiesen worden ist:

In Deutschland fühlen sich 51% der 18 bis 35-Jährigen einsam – in Frankreich sind es sogar 63%. bei den 36 bis 39-Jährigen sind nur noch 37%. Allerdings geben 17% der Befragten in beiden Gruppen an, daß sie unter starker Einsamkeit leiden. Bei alten Menschen steigt die Einsamkeit sogar auf 66% an.

Da die Einsamkeit nur schwierig zu messen ist und die Angaben vor allem auf Selbstauskünften bei Umfragen beruht, schwanken die Ergebnisse recht stark, So hat z.B eine Umfrage, die 2017 durchgeführt worden ist, ergeben, daß sich ca. 10% der Menschen in Deutschland einsam fühlen.

Einige Untersuchungen ergaben, daß diese Einsamkeits-Rate recht konstant ist – andere Umfragen lassen hingegen vermuten, daß die Einsamkeit der 15 bis 16-Jährigen zwischen 2012 und 2021 weltweit kontinuierlich angestiegen ist. Ebenso uneinheitlich sind die Ergebnisse zu der Frage, ob das Internet und die sozialen Medien die Menschen vermehrt einsam werden lassen.

Unbestritten ist jedoch, daß die Einsamkeit eines der großen sozialen Probleme ist, für das es noch keine wirklich wirksame Gegenmaßnahme gibt.

Die Einsamkeit ist letztlich ein System-Problem und läßt sich daher ohne eine Veränderung des gesamten gesellschaftlichen Systems auch nicht wirklich effektiv lösen: In traditionellen Dorfgemeinschaften mit ihren Großfamilien bilden die Menschen nun einmal eine Gemeinschaft, während man sich in den heutigen Großstädten mit ihren Kleinfamilien erst einmal eine Gemeinschaft aufbauen muß – die dann durch Umzüge in andere Städte jedoch schnell wieder zerfallen kann.

Es hat sich in den Untersuchungen auch gezeigt, daß Menschen mit niedrigem Bildungsstand und niedrigem Einkommen meisten einsamer sind als Menschen mit einer höheren Bildung und einem höheren Einkommen. Bildung und Geld eröffnen neue Kontaktmöglichkeiten …

Da die Einsamkeit aus einem Mangel an „Zugehörigkeitsgefühl" besteht, verringert Einsamkeit auch den gesellschaftlichen Zusammenhalt und könnte daher auch zu einem politischen Problem werden.

zu viel Zusammenhalt

Von „zu viel Zusammenhalt" kann nicht die Rede sein – es sei denn, man geht von einer Abschottung der Reichen gegen die Armen aus, was jedoch nicht allgemein üblich zu sein scheint – zumal es ja auch einen fließenden Übergang zwischen Arm und Reich gibt. Allerdings ist der große und die Gesellschafts-Strukturen maßgeblich prägende Einfluß der Reichen und Mächtigen durchaus ein Problem.

das rechte Maß

Das rechte Maß besteht darin, daß man sich um alles kümmert, was das eigene Wohlergehen, das Wohlergehen der eigenen Familie und das Wohlergehen der Menschheit als Ganzes erhält und fördert. Leider sind wir davon noch recht weit entfernt.

Berufe

Wirkliche Berufe gibt es in diesem Bereich nicht – es wird eher die soziale Einstellung und das soziale Verhalten der Einzelnen gebraucht, die in ihrem Alltag einander helfen und die auch einen Blick auf das Ganze haben und sich daher „erwachsen" benehmen.

<h1 align="center"><u>Bücher von Harry Eilenstein</u></h1>

<u>**Magie für Anfänger**</u>
- Telepathie für Anfänger (60 S.)
- Telepathie für Fortgeschrittene (52 S.)
- Telekinese für Anfänger (52 S.)
- Analogien für Anfänger (56 S.)
- Omen und Orakel für Anfänger (52 S.)
- Lebenskraft für Anfänger (60 S.)
- Meditation für Anfänger (56 S.)
- Kundalini für Anfänger (100 S.)
- Hypnose für Anfänger (56 S.)
- Kampfmagie für Anfänger (172 S.)
- Auto-Movement für Anfänger (56 S.)
- Chakra-Magie für Anfänger (148 S.)
- Astralreisen für Anfänger (56 S.)
- Astrologie für Anfänger (120 S.)
- Astrologische Quadrate für Fortgeschrittene (72 S.)
- Partnerhoroskope für Anfänger (100 S.)
- Silberschnüre für Anfänger (52 S.)
- Zaubersprüche für Anfänger (60 S.)
- Ritual-Magie für Anfänger (56 S.)
- Mandalas für Anfänger (68 S.)
- Geldzauber für Anfänger (56 S.)
- Liebeszauber für Anfänger (52 S.)
- Invokationen für Anfänger (52 S.)
- Evokationen für Anfänger (60 S.)
- Geister für Anfänger (52 S.)
- Elfen für Anfänger (56 S.)
- Magie-Forschung für Anfänger (140 S.)
- Magie-Romantik für Anfänger (60 S.)
- Selbsterkenntnis für Anfänger (52 S.)
- Einweihungen für Anfänger (60 S.)
- Drogen-Kabbala für Anfänger (216 S.)
- Zahlensymbolik für Anfänger (60 S.)
- Die Sprache des Mondes – für Anfänger (116 S.)
- Zaubergesänge für Anfänger (100 S.)
- Zukunftschau für Anfänger (60 S.)
- Schamanismus für Anfänger (52 S.)
- Schwitzhütten für Anfänger (52 S.)
- Magische Gegenstände für Anfänger (68 S.)
- Übertragungen für Anfänger (68 S.)
- Zaubertränke für Anfänger (64 S.)
- Magie-Gesten für Anfänger (252 S.)
- Da'ath-Magie für Anfänger (64 S.)
- Magie-Heilungen für Anfänger (68 S.)
- Kornkreise für Anfänger (348 S.)
- Feng Shui für Anfänger (96 S.)
- Tao für Anfänger (112 S.)
- Magie für Anfänger – Sammelband   I (696 S.)
- Magie für Anfänger – Sammelband   II (664 S.)
- Magie für Anfänger – Sammelband   III (580 S.)
- Magie für Anfänger – Sammelband   IV (700 S.)
- Magie für Anfänger – Sammelband   V (676 S.)
- Magie für Anfänger – Sammelband   VI (640 S.)

<u>**Magie**</u>
- Handbuch für Zauberlehrlinge (408 S.)
- Wie man das Pentagramm-Ritual zum Leben erweckt (308 S.)
- Tarot (104 S.)
- Physik und Magie (184 S.)
- Die Synthese von Physik und Magie (200S.)
- Die Magie-Formel (156 S.)
- Schwarze Löcher in der Magie (56 S.)
- Krafttiere – Tiergöttinnen – Tiertänze (112 S.)
- Schwitzhütten (524 S.)
- Mythen und Magie der Harfe (116 S.)
- Drei Adeptus Major Rituale (192 S.)
- Drei Adeptus Exemptus Rituale (120 S.)
- Zwei Infans Abyssi Rituale (128 S.)

<u>**Traumreisen**</u>
- Traumreisen zu Heilpflanzen (700 S.)
- Traumreisen zum kabbalistischen Lebensbaum (132 S.)

<u>**Meditation**</u>
- Der Lebenskraftkörper (230 S.)
- Die Chakren (100 S.)
- Das Chakren-System mit den Nebenchakren (296 S.)
- Organe und Chakren (64 S.)
- Die platonischen Körper in den Chakren (156 S.)
- Meditation (140 S.)
- Drachenfeuer (124 S.)
- Kundalini I (676 S.)
- Kundalini II (672 S.)
- Reinkarnation (156 S.)
- einsgerichtet (140 S.)

<u>**Astrologie**</u>
- Astrologie (496 S.)
- Photo-Astrologie (428 S.)
- Die astrologischen Aspekte (88 S.)
- Horoskop und Seele (120 S.)

<u>**Kabbala**</u>
- Kursus der praktischen Kabbala (150 S.)
- Eltern der Erde (450 S.)
- Blüten des Lebensbaumes:
    1. Die Struktur des kabbalistischen Lebensbaumes (370 S.)
    2. Der kabbalistische Lebensbaum als Forschungshilfsmittel (580 S.)
    3. Der kabbalistische Lebensbaum als spirituelle Landkarte (520 S.)
- Logik und Wirkung der Analogie (700 S.)

<u>**Eilenstein, Frater V.D., Knecht, Büdenbender**</u>
- Magie heute – Berichte aus der Praxis (288 S.)

<u>**Büdenbender, Eilenstein**</u>
- Chaos, Alk und Magic (436 S.)

die „Anfänger"-Reihe
- The Synthesis of Physics and Magic (192 p.)
- Telepathy for Beginners (60 p.)
- Telepathy for Advanced Learners (52 p.)
- Telekinesis for Beginners (56 p.)
- Life Force for Beginners (76 p.)
- Kundalini for Beginners (104 p.)
- Astral Projection for Beginners (60 p.)
- Meditation for Beginners (60 p.)
- Prophecy for Beginners (60 p.)
- Ritual Magic for Beginners (64 p.)
- Magic Chant for Beginners (108 p.)
- Invocations for Beginners (52 p.)
- Evocations for Beginners (62 p.)
- Auto-Movement for Beginners (60 p.)
- Elves for Beginners (56 p.)
- Hypnosis for Beginners (56 p.)
- Love Magic for Beginners (52 p.)
- Money Magic for Beginners (60 p.)
- Magic Objects for Beginners (64 p.)
- Shamanism for Beginners (52 p.)
- Chakra-Magic for Beginners (148 p.)
- Language of the Moon – for Beginners (128 p.)
- Self Knowledge for Beginners (60 p.)
- Da'ath-Magic for Beginners (64 p.)
- Astrology for Beginners (112 p.)
- Number Symbolism for Beginners (64 p.)
- Mandalas for Beginners (76 p.)
- Crop Circles for Beginners (344 p.)
- Feng Shui for Beginners (96 p.)
- Magic Research for Beginners (140 p.)
- Magic for Beginners – Anthology I (636 p.)
- Magic for Beginners – Anthology II (616 p.)
- Magic for Beginners – Anthology III (684 p.)
- Magic for Beginners – Anthology IV (580 p.)

Eilenstein, Frater V.D., Knecht, Büdenbender
- Living Magic (261 S.) (= „Magie heute")

sonstige englische Ausgaben
- The Biography of the Devil (140 S.)
- The Synthesis of Physics and Magic (192 S.)
- The Chakra-System with the Minor Chakras (304 S.)